Sylvia Weyrauch
Magda-Lena Haas

Lernjobs für Friseure

Arbeitsbuch
Lernfeld 3

1. Auflage

VERLAG EUROPA-LEHRMITTEL
Nourney, Vollmer GmbH & Co. KG
Düsselberger Straße 23
42781 Haan-Gruiten

Europa-Nr.: 60309

Autorinnen:
Sylvia Weyrauch, Riedstadt
Magda-Lena Haas, Diez

Verlagslektorat:
Anke Horst
Nico Freitag

1. Auflage 2023
Druck 5 4 3 2 1

Alle Drucke derselben Auflage sind parallel einsetzbar, da sie bis auf die Korrektur von Druckfehlern identisch sind.

ISBN 978-3-7585-6030-9

Umschlaggestaltung: tiff.any GmbH, 10999 Berlin
Umschlagfoto: © Subbotina Anna – stock.adobe.com
Satz: Punkt für Punkt GmbH · Mediendesign, 40549 Düsseldorf
Druck: Plump Druck und Medien GmbH, 53619 Rheinbreitbach

Vorwort

Das vorliegende Arbeitsheft „Lernjobs für Friseure – Lernfeld 3" beinhaltet Lernjobs (Lernaufgaben) für den Unterricht im Rahmen des Lernfeld-Unterrichts. Es richtet sich an Lernende und Lehrkräfte im Fachbereich Körperpflege. Dabei verstehen sich Lernjobs nicht als reine Arbeitsaufträge, sondern als *„Lernumgebung zur Kompetenzentwicklung"* (Leisen).

Konzept

Grundlage für die Konzeption der Lernsituationen und Lernjobs bildet der Rahmenlehrplan für den Ausbildungsberuf Friseur/Friseurin von 2022.

Lernjobs steuern den Lernprozess durch eine Abfolge von Aufgabenstellungen, die nach dem Prinzip der vollständigen Handlung konzipiert sind und durch Lernprodukte bzw. Handlungsprodukte sichtbar werden.

Die Lernsituationen sind in Lernjobs unterteilt. Jeder Lernjob wird durch ein Lernszenario eingeleitet, durch Kompetenzbeschreibungen fachlich eingeordnet und ermöglicht den Lernenden das Durchlaufen der Aufgabenstellung nach dem Prinzip der vollständigen Handlung.

Jeder Lernjob wird fachlich durch Arbeitsaufträge (die sogenannten Lernsteps) in der Informationsphase untermauert, die methodisch flexibel durch die Lehrkraft entsprechend der Lerngruppe eingesetzt werden können. Aus diesem Grund ist das Feld „Methode" frei gelassen. Jeder Lernjob endet mit einer Evaluation zu den angestrebten Lernzielen und Kompetenzen.

Die einzelnen Bestandteile der Bausteinhefte sind je nach Einsatz als Lernjob oder auch einzeln als Arbeitsaufträge (Lernsteps) im Unterricht einsetzbar. So steht den Lehrenden entweder eine komplette Aufgabe für den Unterricht zur Verfügung, die bereits didaktisch-methodisch aufgearbeitet ist (Lernjob) oder sie nutzen die Lernsteps als einzelne Arbeitsaufträge. Dies gewährleistet den Lehrenden eine hohe Flexibilität hinsichtlich des Einsatzes im Unterricht, um verschiedenen Lerngruppen und der Heterogenität im Friseurbereich gerecht zu werden. Das Inhaltsverzeichnis auf Seite 4 beschreibt die Lernjobs und gibt Hinweise für eine methodische Umsetzung.

Digitale Zusatzmaterialien in der EUROPATHEK

DIGITAL+

Auf der vorderen Umschlag-Innenseite finden Sie eine Beschreibung, wie Sie die digitalen Materialien in Ihren EUROPATHEK Account laden können. Diese PDF-Dateien finden Sie dort:

- **Fachbegriffe** aus dem Lernfeld 3: zum Ausdrucken, Ausschneiden und (spielerischem) Lernen – selbstständig oder in der Gruppe.
- **Methodenkarten:** Zwölf Methoden werden ausführlich beschrieben, sodass diese im Rahmen des Informierens eingesetzt werden können.

Ihr Feedback ist uns wichtig!

Wenn Sie mithelfen möchten, dieses Buch für die kommenden Auflagen noch weiter zu optimieren, schreiben Sie uns per E-Mail an lektorat@europa-lehrmittel.de. Das Autorinnen-Team freut sich auf Anregung und Unterstützung durch Kritik und wünscht erfolgreiches Arbeiten mit dem neuen Lehrwerk.

Sommer 2023 — Autorinnen und Verlag

Inhaltsverzeichnis

STATIONENLERNEN/ LERNTHEKE

GRUPPENARBEIT/ PARTNERARBEIT

STATIONENLERNEN/ LERNTHEKE

PARTNERARBEIT

EINZEL-ARBEIT

THINK-PAIR-SHARE

PARTNER-ARBEIT

LERNTEMPODUETT/ PARTNERARBEIT

! Hinweis für die Lehrkraft: Schauen Sie sich die Aufgaben vor dem Einsatz im Unterricht an, da es bei einigen Aufgaben Experimente gibt, die einen gewissen Materialeinsatz benötigen.

Lernfeld 3

Haare und Kopfhaut pflegen

Lernsituation

1 Den Aufbau und das Erscheinungsbild der Haare beschreiben

1.1 Den Aufbau des Haares beschreiben

LERNSZENARIO:

Anja betreut heute Frau Winter, die ihre Tochter mit in den Salon bringt. Frau Winter ist eine Stammkundin ihres Chefs. Als Anja der Kundin den Umhang umlegen möchte, fragt diese:

14:00 Uhr
Frau Winter
Haarschnitt

„Kannst du mir erklären, warum meine Haare immer so schön glänzen, wenn ich von euch komme? Nach ein paar Wochen sind die Haare leider wieder eher stumpf und glanzlos. Woran liegt das?"

„Die Haare meiner Tochter sind auch immer glanzlos. Hast du eine Erklärung dafür? Die Haare sind doch gar nicht gefärbt, wie meine?"

Den Aufbau des Haares beschreiben

ICH KANN:

... die Schichten des Haares nennen (Deutsch und Latein) und in eine Zeichnung eintragen.

... die drei Schichten des Haares beschreiben.

... den Aufbau der Haare mithilfe eines Modells nachbauen und anhand dessen erklären.

... der Kundin erklären, warum Haare nicht glänzen (Kundengespräch).

... dem Chef erklären, warum Haare nicht glänzen (Fachgespräch).

LERNJOB

Vorwissen aktivieren

- Betrachten Sie den Tannenzapfen. Überlegen Sie, was der Tannenzapfen mit Haaren zu tun hat.
- Notieren Sie Ihre Ideen in die Kästchen.
- Stellen Sie Ihre Ideen in der Klassengemeinschaft vor und sammeln Sie weitere Vorschläge von Ihren Mitlernenden.

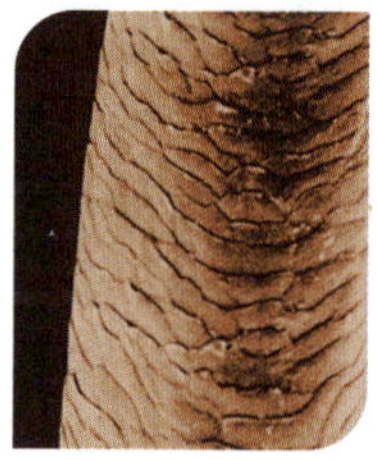

Informieren

- Bearbeiten Sie die Lernsteps zum Aufbau der Haare und zu den Haarformen vollständig.
- Sind Sie fertig, besprechen Sie Ihre Ergebnisse mit einer Mitschülerin oder einem Mitschüler.
- Markieren Sie die einzelnen Lernsteps in der Tabelle nach dem Bearbeiten als erledigt und bewerten Sie den Schwierigkeitsgrad.

Methode: ____________________

Die Methodenkarte finden Sie im Digital Plus Material. DIGITAL+

Name des Lernsteps	erledigt √			
Aufbau des Haares				
Haarformen				

Planen, Entscheiden, Durchführen

- Bearbeiten Sie gemeinsam mit einem Partner/mit einer Partnerin den „Bauplan zu den Schichten des Haares".
- Suchen Sie sich ein weiteres 2er-Team, mit dem Sie die Ergebnisse des Bauplans vergleichen können.
- Stellen Sie Unterschiede und Gemeinsamkeiten fest.
- Erklären Sie sich gegenseitig anhand des Modells den Aufbau der Haare.

Kontrollieren

- Überlegen Sie, welche Antwort Anja der Kundin geben kann.
- Schreiben Sie eine für die Kundin verständliche Erklärung.
- Benutzen Sie für die Erklärung die nachfolgenden Bilder.
- Lesen Sie Ihre Erklärung vor.

„Kannst du mir erklären, warum meine Haare immer so schön glänzen, wenn ich von euch komme? Leider sind die Haare nach ein paar Wochen wieder eher stumpf und glanzlos."

„Die Haare meiner Tochter sind auch immer glanzlos. Hast du eine Erklärung dafür? Die Haare sind doch gar nicht gefärbt, wie meine?"

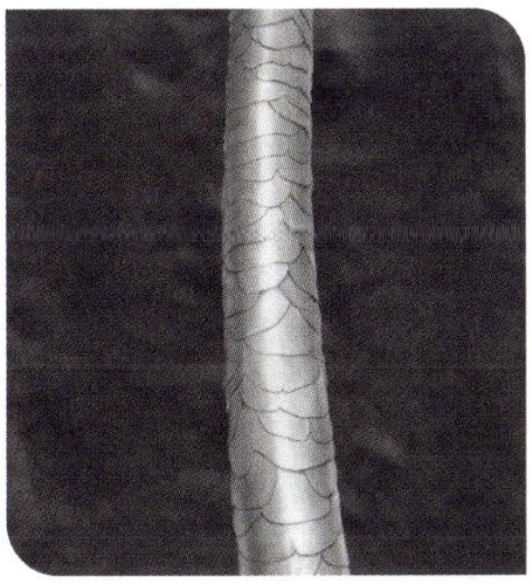

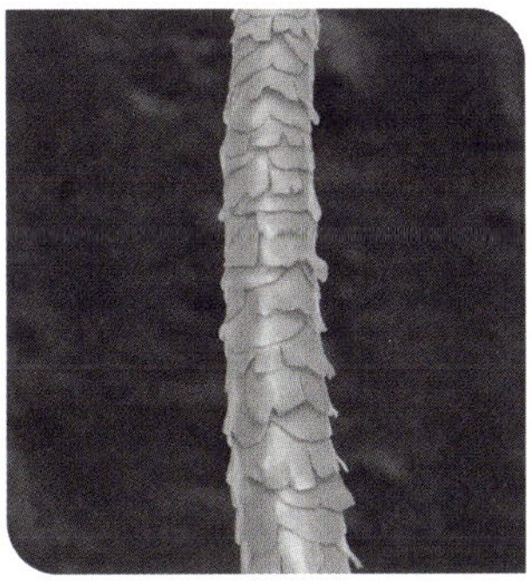

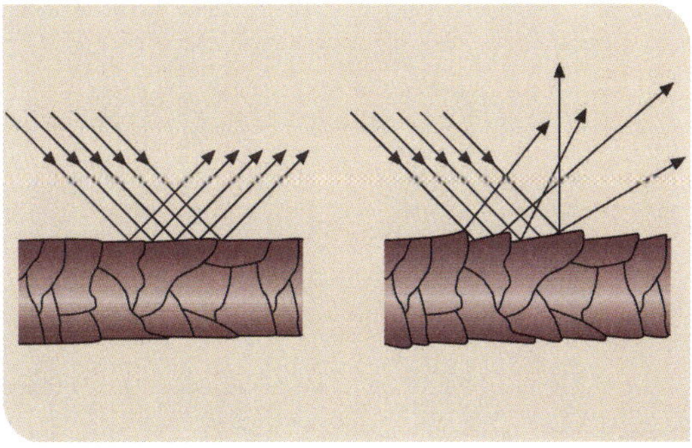

LERNJOB

Evaluieren und Zusammenfassen

Auch Anjas Chef möchte am Ende wissen, welche neuen Erkenntnisse Anja gewonnen und was sie mit Frau Winter besprochen hat.

- Machen Sie sich Notizen zum Fachgespräch mit Anjas Chef.
- Folgende Begriffe müssen enthalten sein: Schuppenschicht, Cuticula, Glanz, Kittsubstanz, Reflektion oder reflektieren/reflektiert
- Lesen Sie auch hier Ihr Ergebnis vor:

Beantworten Sie die Reflexionsfragen:

Ich kann:	🙂	🙁
... die Schichten des Haares nennen (Deutsch und Latein) und in eine Zeichnung eintragen.		
... die drei Schichten des Haares beschreiben.		
... den Aufbau der Haare mithilfe eines Modells nachbauen und anhand dessen erklären.		
... der Kundin erklären, warum Haare nicht glänzen (Kundengespräch).		
... dem Chef erklären, warum Haare nicht glänzen (Fachgespräch).		

Lernstep 1

Aufbau des Haares

Aufgaben:

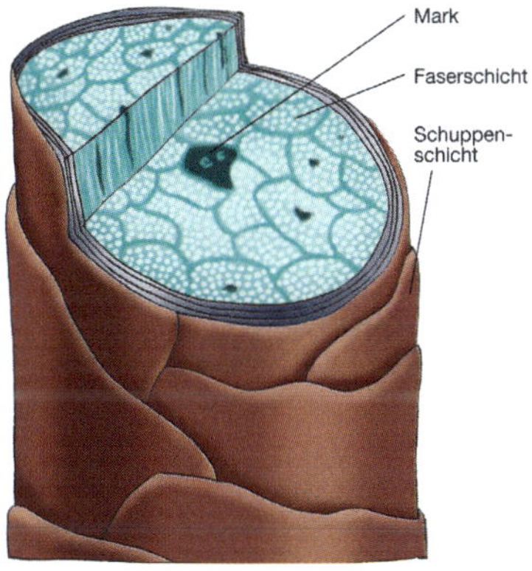

- Lesen Sie den Text „Wie ist das Haar aufgebaut?".
- Markieren Sie:
  - die Schichten des Haares pink
  - den Aufbau der Schichten grün
  - die Aufgaben der Schichten gelb
  - die einzelnen Zellen der Faserschicht blau
- Unterstreichen Sie, wann ein Haar glänzt oder nicht glänzt.
- Beschriften Sie das Bild mit den Fachbegriffen des Textes:

  Peptidspirale, Schuppenschicht (Cuticula), Protofibrille, Faserschicht (Cortex), Mikrofibrille, Makrofibrille, Spindelzellen (oder Faserstrangbündel)

LERNSTEP 1

Wie ist das Haar aufgebaut?

Das Haar besteht aus 3 Schichten:

- **Schuppenschicht** *(Cuticula)*
- **Faserschicht** *(Cortex)*
- **Mark** *(Medulla)*

Schuppenschicht (*Cuticula*):

Die **Schuppenschicht** besteht aus 6 bis 8 Schichten flacher Zellen. Die Zellen liegen übereinander. Sie sind mit einer Art Kleber, der **Kittsubstanz**, verbunden. Liegen die *Cuticula*zellen flach an, ist die Haaroberfläche glatt. Das auffallende Licht wird gleichmäßig reflektiert. Dadurch glänzen die Haare.

Die Schuppenschicht schützt die darunter liegende Faserschicht. Dadurch verhindert sie Schäden an der Faserschicht. Erst durch Chemikalien (alkalisch eingestellte Präparate) kann die Schuppenschicht geöffnet werden. Ein Haar mit geöffneter Schuppenschicht sieht glanzlos aus. Das auffallende Licht wird ungleichmäßig reflektiert.

Faserschicht (*Cortex*):

Die **Faserschicht** besteht aus 100–200 spindelförmigen Zellen. Die spindelförmigen Zellen (**Spindelzellen oder Faserstrangbündel** genannt) sind ebenfalls durch die Kittsubstanz miteinander verbunden. Die Spindelzellen bestehen aus vielen einzelnen Fasern: den **Makrofibrillen.** Die Makrofibrillen bestehen aus vielen **Mikrofibrillen.** Die Mikrofibrillen bestehen aus mehreren **Protofibrillen,** die sich aus mehreren **Peptidspiralen** zusammensetzen. Die kleinste Faser heißt **Peptidspirale.** Die Peptidspirale ist eine kleine Keratinfaser.

Die Faserschicht ist mit einem Anteil von ca. 80 Prozent die wichtigste Schicht des Haares. Sie ist für die natürliche Haarfarbe und die Reißfestigkeit sowie Elastizität des Haares verantwortlich. Hier laufen die chemischen Vorgänge der Form- und Farbveränderung (Dauerwelle, Haarfarbe und Blondierung) ab.

Mark (*Medulla*):

In der Mitte eines Haares befindet sich das **Mark**. Das Mark besteht aus einem schwammartigen Zellmaterial und Lufteinschlüssen. Eine besondere Aufgabe hat das Mark nicht.

Aufgaben:

- Füllen Sie die folgende Tabelle aus. Suchen Sie dazu die entsprechenden Antworten aus dem Text.

Haaraufbau (Name in Deutsch und Latein)	Aussehen	Aufgaben
Cuticula		
	besteht aus spindelförmigen Zellen	
		keine

LERNSTEP 1

- Tragen Sie die richtigen Wörter in den Lückentext ein:

Die kleinsten Teile des Haares sind die sogenannten Peptidspiralen. Peptidspiralen verbinden sich zu den Protofibrillen. Die ________________ sind zu einem mehrsträhnigen Kabel verbunden, den ________________.

Hunderte von Mikrofibrillen bilden ein unregelmäßiges Faserbündel, die ________________. Viele dieser Makrofibrillen bilden die ________________________________.

So besteht die Faserschicht aus einer Vielzahl in sich verbundener Fasern.

Die Zwischenräume zwischen den Fibrillen und der Schuppenschicht sind mit einer ________________ gefüllt.

Die Faserschicht oder der Haarschaft ist von der ________________ (Cuticula) umgeben. Die Cuticula besteht aus zahlreichen Schuppen, die übereinander gelagert sind und deren Ränder immer zur ________________ zeigen.

In der Mitte des Haares befindet sich das __________.

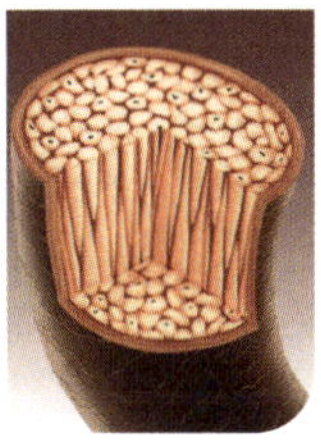

Hilfswörter:
Haarspitze
Mikrofibrillen
Spindelzellen (Faserstrangbündel)
Makrofibrille
Protofibrillen
Mark
Kittsubstanz
Schuppenschicht

LERNSTEP 1

- Bewerten Sie folgende Aussagen mit richtig √ oder falsch ✗. Korrigieren Sie die falschen Aussagen.
- Suchen Sie für die Fachbegriffe in den Lernkarten (S. 14) eine Erklärung. Notieren Sie diese.

	√	✗	
Das Haar besteht aus mehreren Schichten.			
Die Schuppenschicht ist die wichtigste Schicht.			
Die Cuticula öffnet sich durch Chemikalien.			
Liegen die Cuticulazellen eng an, glänzt das Haar.			
Die Faserschicht besteht aus vielen spindelförmigen Zellen.			
Die Spindelzellen werden auch Mark genannt.			
In der Cortex finden die Farb- und Formveränderungen statt.			
Eine Mikrofibrille besteht aus mehreren Makrofibrillen.			
Das Mark ist die äußerste Schicht des Haares.			

LERNSTEP 1

Lernkarten

Schuppenschicht	Faserschicht
Mark	**Kittsubstanz**
Spindelzellen	**Makrofibrille**
Mikrofibrille	**Keratinfaser**

Lernstep 2

Haarformen

Aufgaben:

Leseauftrag:

- Lesen Sie den Text „Haarformen".
- Unterstreichen Sie die Erklärungen zu den Begriffen Haarquerschnitt, Haarstärke und Textur.
- Markieren Sie:
  - die Merkmale des „asiatischen" Haares pink
  - die Merkmale des „kaukasischen" Haares grün
  - die Merkmale des „afrikanischen" Haares gelb
- Bearbeiten Sie die dem Text anschließenden Arbeitsaufträge.

Haararten

Schauen wir uns in der Welt um, sehen wir verschiedene Haare. Sie unterscheiden sich auf den ersten Blick hinsichtlich der Farbe, der Länge, der Dicke und ob sie eher glatt, wellig oder lockig sind. Betrachten wir die Haare genauer, können wir unterschiedliche Querschnitte, Haarstärken und Texturen der Haare feststellen.

Der **Querschnitt** gibt an, wie ein Haar aussieht, wenn man es quer aufschneidet und unter dem Mikroskop betrachtet: also ob es eher rund, oval oder bandförmig ist. Die **Haarstärke** gibt an, ob ein Haar eher fein, mitteldick oder stark ist. Die **Textur** (Oberflächenstruktur) gibt an, ob ein Haar eher glatt, wellig oder lockig ist.

Früher wurden die Haare aufgrund ihrer geographischen Herkunft unterschieden,

- **das „asiatische" Haar,**
- **das „kaukasische" Haar und**
- **das „afrikanische" Haar oder Afrohaar.**

Diese Einteilung der Haare nach Ethnien ist aufgrund der Vielfalt unserer Gesellschaft nicht mehr aktuell. Um die Unterschiede der Haare darzustellen, wird die alte Zuordnung zunächst genutzt, aber in der weiteren Aufgabe aufgelöst.

„Asiatisches Haar" ist dick, robust und wächst sehr schnell. Es hat einen runden Querschnitt. Asiatische Haare sind eher glatt, selten wellig. Deshalb berühren sich die nebeneinanderliegenden Haare kaum. Die Aufrauung der Haare ist gering. Der Pflegeaufwand unbehandelter asiatischer Haare ist gering.

„Kaukasisches Haar (europäisches Haar)" ist eher mitteldick und oval. Die Haare können glatt, wellig aber auch lockig sein. Zudem reiben „kaukasische" Haare aufgrund ihrer Struktur mehr aneinander. Somit wird die Schuppenschicht mehr beansprucht. Der Pflegeaufwand chemisch unbehandelter „kaukasischer" Haare ist verschieden und hängt auch von der Lockung der Haare ab.

Glossar:

Ethnie: bezeichnet eine Menschengruppe mit einer gemeinsamen Herkunft

Querschnitt: Darstellung der Schnittfläche eines Haares

Textur: Oberflächenstruktur des Haares

„Kaukasisches Haar": „europäisches Haar"

„Lockung": Form der Locke eines Haares (leichte Locke, lockiges oder sehr stark lockiges Haar – coily Haar)

coily Haar: umfasst kompakte Spiralen und Korkenzieher, Locken mit kleinstem Durchmesser und natürlich verworrenes Haar in einem Zick-Zack- oder Faltenmuster („Afrohaar")

LERNSTEP 2

Haarform

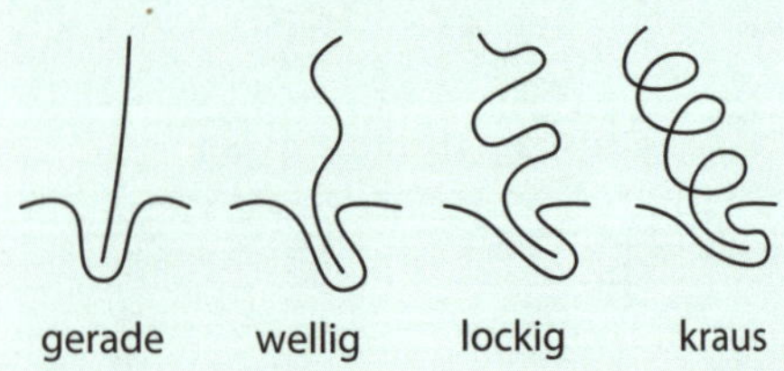

Haarformen

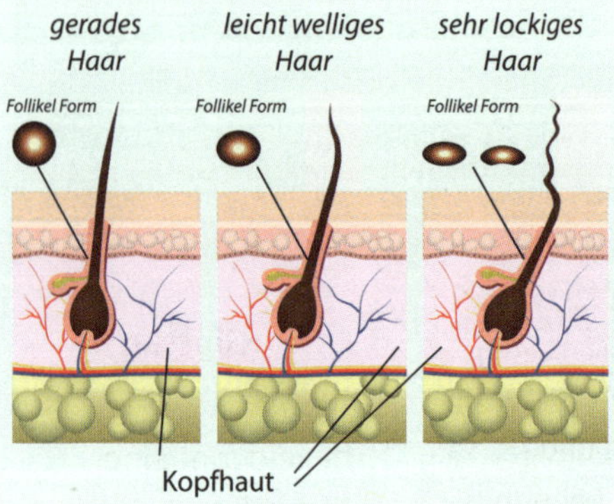

Das **Afrohaar** ist sehr lockig bzw. kraus. Äußerst krauses Haar wird auch als Coily Haar bezeichnet. Der Querschnitt ist eher bandförmig bis flach, bzw. variiert stark, so dass es zu der starken Lockenbildung kommt. Da stark lockige Haare nicht auf der Kopfhaut aufliegen, sondern eher abstehen, sind Afrohaare eher trocken und glanzlos. Da der Feuchtigkeitsgehalt der Haare mit den Locken der Haare abnimmt, müssen besonders lockige oder krause Haare sehr intensiv gepflegt werden.

Die **Wellung** des Haares hängt von verschiedenen Faktoren ab:

- dem Aufbau des Haarfollikels (Einstülpung der Kopfhaut, in der das Haar liegt und wächst),
- dem Winkel, in dem das Haar in der Kopfhaut liegt und
- der inneren Struktur der Haare.

- Ist der Haarfollikel rund, dann wachsen die Haare sehr gerade. Ist der Haarfollikel leicht oval, hat das Haar leichte Wellen. Je flacher der Haarfollikel ist, desto lockiger ist das Haar.
- Wächst ein Haar eher in einem rechten Winkel aus der Kopfhaut, ist das Haar eher glatt.

Lockige Haare besitzen mehr und enger verbundene Haarkeratinstränge als glatte Haare. Außerdem sind Locken dominant vererbbar, d. h. dass sich lockiges Haar auf dem Kopf der nächsten Generation wieder finden wird.

Die Lockenskala nach Andrew Walker unterteilt die Haare aufgrund ihrer Textur in vier verschiedene Typen: 1 – glatt, 2 – wellig, 3 – lockig, 4 – krauses Haar. In Europa haben etwa 45 Prozent der Menschen glatte, 40 Prozent wellige und 15 Prozent lockige Haare.

Haartextur im Vergleich

1. Glatte Haare	2. Wellige Haare	3. Lockige Haare	4. Krause Haare
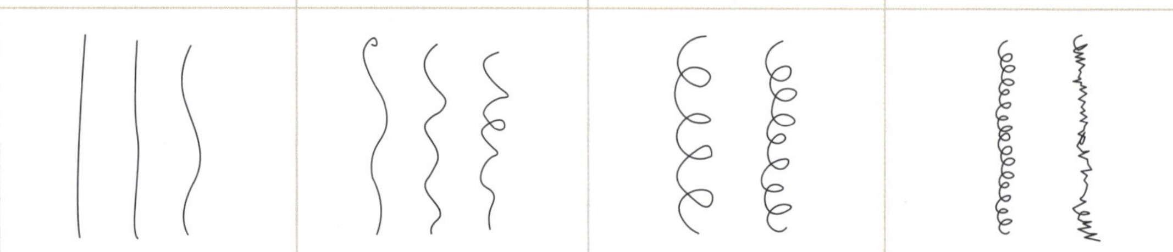			
1a 1b 1c	2a 2b 2c	3a 3b	4a 4b

Heute ist es nicht mehr üblich von verschiedenen Haartypen (asiatisches, kaukasisches und afrikanisches Haar) zu sprechen. Haare werden mithilfe ihrer Merkmale und Eigenschaften beschrieben. Hierzu gehören die Merkmale: Haarstärke, Haarquerschnitt, Textur, Wellung und Haarfarbe.

LERNSTEP 2

Aufgaben:

- Definieren Sie die Begriffe: Haarquerschnitt, Haarstärke, Textur:

Haarquerschnitt: ______________________________

Haarstärke: ______________________________

Textur: ______________________________

- Beschreiben Sie den Querschnitt und die Form des Haarfollikels unterschiedlicher Haarformen.

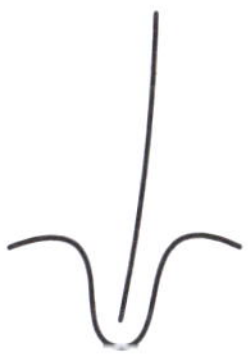

glattes Haar

Querschnitt: ____________

Haarfollikel: ____________

welliges Haar

Querschnitt: ____________

Haarfollikel: ____________

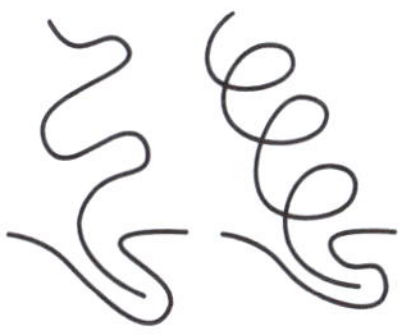

lockiges Haar

Querschnitt: ____________

Haarfollikel: ____________

- Beschreiben Sie die Merkmale der Haare der verschiedenen Kundschaft. Verwenden Sie die im Text verwendeten Begriffe.

Merkmale der Haare:

Haarquerschnitt: oval

Textur: wellig

Haarfollikel: oval, schräg

Merkmale der Haare:

Haarquerschnitt: ____________

Textur: ____________

Haarfollikel: ____________

Merkmale der Haare:

Haarquerschnitt: ____________

Textur: ____________

Haarfollikel: ____________

Merkmale der Haare:

Haarquerschnitt: ____________

Textur: ____________

Haarfollikel: ____________

LERNSTEP 2

Lernstep 3

Bauplan zu den Schichten des Haares

Sie brauchen vom Materialbasar folgende Gegenstände:

3 Pfeifenputzer in unterschiedlichen Farben
9 Toilettenpapierrollen
Klebeband
21 Strohhalme
1 farbiges Papier

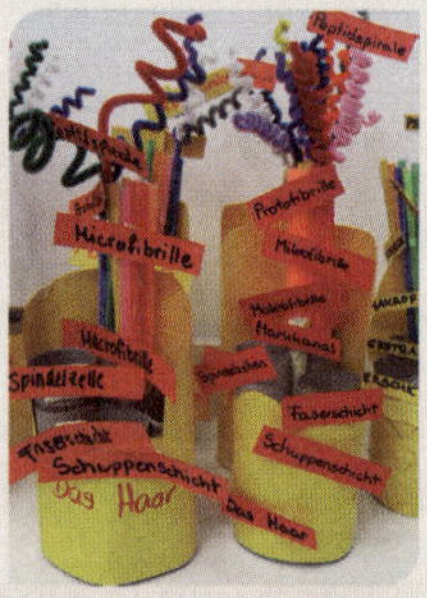

Bauabschnitt 1

Material: 3 Pfeifenputzer in unterschiedlichen Farben
1 Strohhalm

TO DO:

Wickeln Sie die Pfeifenputzer spiralförmig um einen Stift. Dabei sollen ein paar Zentimeter am Ende des Pfeifenputzers gerade bleiben. Stecken Sie alle 3 Pfeifenputzer mit dem geraden Ende zusammen in einen Strohhalm. So entstehen 3 **Peptidspiralen**, die in einer **Protofibrille** stecken.

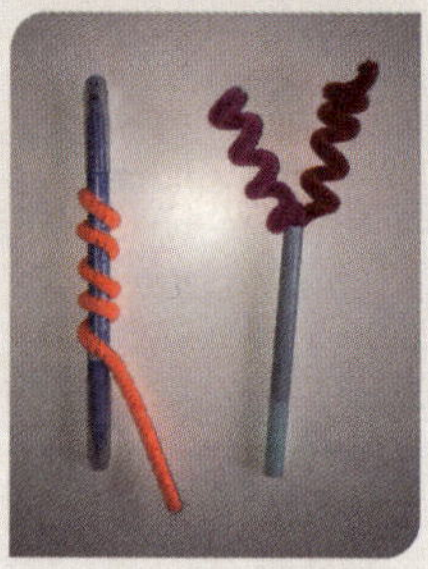

Bauabschnitt 2

Material: 20 Strohhalme (je in einer gleichen Farbe)
Strohhalm mit Pfeifenputzern aus Bauabschnitt 1
1 Toilettenpapierrolle
Klebeband

TO DO:

Umwickeln sie jeweils 7 Strohhalme der gleichen Farbe mit Klebeband. Bei einer dieser Rollen verwenden Sie bitte den Strohhalm mit den Pfeifenputzern aus Bauabschnitt 1. So entstehen 3 Rollen, welche die **Mikrofibrillen** darstellen sollen.

Stecken Sie anschließend die 3 Strohhalm-Rollen in eine Toilettenpapierrolle. So entsteht eine **Makrofibrille.**

Bauabschnitt 3

Material: 8 Toilettenpapierrollen
Toilettenpapierrolle mit Strohhalmen aus Bauabschnitt 2
Klebeband
1 farbiges Papier

TO DO:

Umwickeln Sie die Toilettenpapierrolle aus Bauabschnitt 2 und zwei weitere Toilettenpapierrollen mit Klebeband. So bauen Sie ein **Faserstrangbündel** zusammen. Nehmen Sie nun die restlichen Toilettenpapierrollen als 3er-Paar zusammen und umwickeln Sie diese ebenfalls mit Klebeband. Sie haben nun insgesamt 3 Faserstrangbündel erstellt. Umwickeln Sie die Faserstrangbündel mit Klebeband. Diese bilden nun die Faserschicht. Schreiben Sie **„Faserschicht"** auf das Klebeband. Nehmen Sie nun ein farbiges Papier und kleben Sie dieses um die Rollen. Diese soll die **Schuppenschicht** des Haares darstellen, welche die Faserschicht umgibt. Beschriften Sie alle Bauteile mit den Fachbegriffen (im Text fett gedruckt). Fertig ist Ihr Modell vom Aufbau des Haares. **(Text & Bilder: Julian Raschke)**

Lernsituation

1 Den Aufbau und das Erscheinungsbild der Haare beschreiben

1.2 Die Eigenschaften der Haare kennen und beschreiben

LERNSZENARIO:

Anja föhnt die Haare von Frau Sommer, die regelmäßig zur Balayage kommt. Sie braucht erstaunlich lange, als Frau Sommer plötzlich sagt:

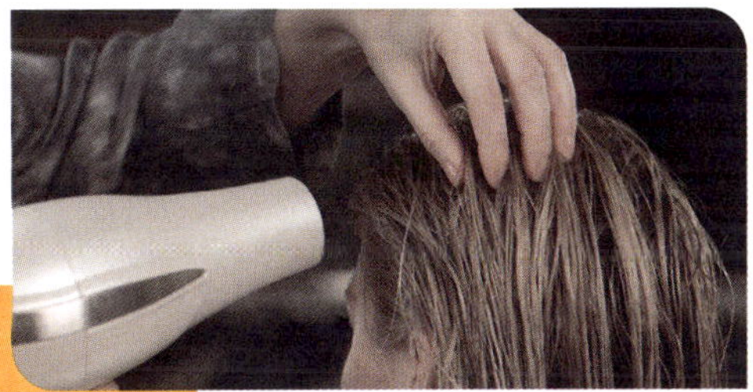

Die Eigenschaften der Haare kennen und beschreiben

ICH KANN:

... die Eigenschaften der Haare benennen (Deutsch und Latein).

... die Eigenschaften der Haare beschreiben.

... den Eigenschaften verschiedene Merkmale und Beispiele aus dem Friseuralltag zuordnen.

... Experimente zu den Eigenschaften der Haare durchführen.

... Eigenschaften, die durch Wasseraufnahme verursacht werden, von Eigenschaften, die unmittelbar mit dem Aufbau der Haare zusammenhängen, unterscheiden.

... der Kundin erklären, warum die Haare nicht so schnell trocknen (Kundengespräch).

... dem Chef erklären, warum die Haare nicht so schnell trocknen (Fachgespräch).

LERNJOB

Vorwissen aktivieren

Experiment 1:

- Nehmen Sie ein circa 50 cm langes Stück von einer Watteschnur und versuchen Sie dieses in der Mitte zu zerreißen.
- Nehmen Sie sich anschließend ein weiteres Stück der Watteschnur (circa 50 cm) und drehen Sie dieses fest zusammen, wie bei einer Kordel. Versuchen Sie nun auch hier, die Watteschnur in der Mitte zu zerreißen.
- Beschreiben Sie Ihre Beobachtungen.
- Notieren Sie Ihre Ideen, in welchem Zusammenhang Ihre Beobachtungen mit dem Aufbau der Haare stehen können.

Experiment 2:

- Erforderliche Geräte und Hilfsmittel: 2 Glasschälchen, 1 Haarsträhne
- Legen Sie über den Rand einer mit Wasser gefüllten Glasschale eine Haarsträhne so, dass ein Ende ins Wasser und das andere Ende in eine danebenstehende zweite (leere) Schale hängt.
- Lassen Sie den Versuch eine Zeit lang stehen.
- Beschreiben Sie Ihre Beobachtungen.
- Formulieren Sie eine Hypothese (Vermutung), was das für die Eigenschaften der Haare bedeutet.

LERNJOB

Informieren

- Bearbeiten Sie die Lernsteps „Eigenschaften der Haare" und „Versuche zu den Eigenschaften der Haare".
- Zusätzliche Informationen zu dieser Aufgabe finden Sie in Ihrem Fachbuch.
- Markieren Sie die einzelnen Lernsteps in der Tabelle nach dem Bearbeiten als erledigt und bewerten Sie den Schwierigkeitsgrad.

Methode: ______________________

Die Methodenkarte finden Sie im Digital Plus Material.

DIGITAL+

Name des Lernsteps	erledigt √	☺	😐	☹
Eigenschaften der Haare				
Versuche zu den Eigenschaften der Haare				

Planen, Entscheiden, Durchführen

- Nehmen Sie den Lernstep 3 „Legekarten: Eigenschaften der Haare" und schneiden Sie die Karten aus. Spielen Sie mit den Karten. Den Lernstep 3 „Legekarten: Eigenschaften der Haare" finden Sie zum Ausschneiden im Digital Plus Material.

DIGITAL+

- Sie haben folgende Möglichkeiten:

Aufgabe 1:
Nehmen Sie nur die ausgeschnittenen Kärtchen zu den Haareigenschaften und die Kärtchen zu den Beschreibungen der Eigenschaften (grüne Karten).
Spielen Sie ohne die Hilfe Ihrer Unterlagen mit einer Mitschülerin oder einem Mitschüler Memory oder Karten-Klatschen (Die Methodenkarten finden Sie im Digital Plus Material).

Aufgabe 2:
Nehmen Sie anschließend die blauen Kärtchen. Ordnen Sie die Beispiele aus dem Friseurbereich den Haareigenschaften zu.

Aufgabe 3:
Ordnen Sie die Haareigenschaften in zwei Stapel: „Eigenschaften mit Wasseraufnahme"/ „Eigenschaften im Zusammenhang mit Haaraufbau".

LERNJOB

Sichern Sie Ihre Ergebnisse:

- Markieren Sie die Eigenschaften der Haare (links) jeweils in einer anderen Farbe.
- Markieren Sie die passenden Beschreibungen und Beispiele in der gleichen Farbe.

Kapillarität (Leitfähigkeit)

Dehnbarkeit

Reißfestigkeit

Elastizität (Spannkraft)

Saugfähigkeit und Quellung

Haarstärke

Hygroskopizität (Wasseraufnahme aus der Luft

Haarquerschnitt

Elektrostatische Aufladung

Plastizität (Verformbarkeit)

- Haare nehmen aus der Luft Feuchtigkeit auf.
- Haare leiten Flüssigkeiten weiter.
- Haare können Lasten tragen, bevor sie reißen.
- Feine Haare lassen sich schlecht frisieren. Die Frisuren halten nicht.
- Haare laden sich auf und stehen ab.
- Haare lassen sich verformen.
- Haare lassen sich länger ziehen.
- Haare sind unterschiedlich dick
- Beim Auftragen der Blondierung bei Strähnen entstehen Flecken am Haaransatz.
- Beim Kämmen von blondierten, nassen Haaren „leiern“ die Haare aus und werden länger.
- Nachdem der Pony im nassen Haar genau geschnitten wurde, ist er im trockenen Zustand etwas zu kurz.
- Beim Auftragen der Dauerwellflüssigkeit auf das aufgewickelte Haar wird die Flüssigkeit bis zum Ansatz geleitet.
- Verknotete Haare können auch mit Kraft durchgekämmt werden.
- Dauergewellte Haare, die glatt geföhnt wurden, werden an einem Regentag schnell wieder lockig.
- Ein gefärbtes Haar benötigt eine andere Dauerwellflüssigkeit als normales Haar.
- Haare lassen sich länger ziehen und gehen danach in den Ausgangszustand zurück.
- Bandförmiges Haar lässt sich nicht umformen.
- Nach dem Kämmen stehen die Haare am Kopf ab.
- Haare können durch verschiedene Techniken wie z. B. Föhnen umgeformt werden.
- Haare nehmen Wasser auf und werden dicker.
- Haare haben unterschiedliche Formen.

Kontrollieren

- Überlegen Sie, wie Anja die anfangs gestellte Frage von Frau Sommer beantworten wird. Schreiben Sie eine für die Kundin verständliche Erklärung.
- Lesen Sie Ihre Erklärung vor.

„Merkst du das, Anja? Die Haare werden überhaupt nicht trocken. Das ist bei mir zu Hause auch immer so ... Warum dauert das bei mir nur so lange?“

Evaluieren und Zusammenfassen

Auch Anjas Chef möchte am Ende wissen, welche neuen Erkenntnisse Anja gewonnen und was sie mit Frau Sommer besprochen hat.

- Machen Sie sich Notizen zum Fachgespräch mit Anjas Chef. Verwenden Sie die Begriffe: Blondierung, Haarstruktur, Schuppenschicht, Wasser aufnehmen. Lesen Sie auch hier Ihr Ergebnis vor:

„Ich habe gehört, dass Frau Sommer gefragt hat, warum ihre Haare so lange brauchen, bis sie trocken sind. Kannst du mir das auch noch mal erklären?"

Beantworten Sie die Reflexionsfragen:

Ich kann:	☺	☹
... die Eigenschaften der Haare benennen (Deutsch und Latein).		
... die Eigenschaften der Haare beschreiben.		
... den Eigenschaften verschiedene Merkmale und Beispiele aus dem Friseuralltag zuordnen.		
... Experimente zu den Eigenschaften der Haare durchführen.		
... Eigenschaften, die durch Wasseraufnahme verursacht werden, von den Eigenschaften, die unmittelbar mit dem Aufbau der Haare zusammenhängen, unterscheiden.		
... der Kundin erklären, warum die Haare nicht so schnell trocknen (Kundengespräch.)		
... dem Chef erklären, warum die Haare nicht so schnell trocknen (Fachgespräch).		

LERNJOB

Lernstep 1

Eigenschaften der Haare

Welche Eigenschaften besitzt ein Haar?

Aufgaben:

- Suchen Sie mithilfe des Lehrbuches eine Erklärung für die Eigenschaften der Haare.
- Markieren Sie im Anschluss:
    - alle anatomischen Eigenschaften, die sich auf den Aufbau der Haare beziehen, blau.
    - alle Eigenschaften, die durch Wasseraufnahme resultieren, grün.

Haarquerschnitt

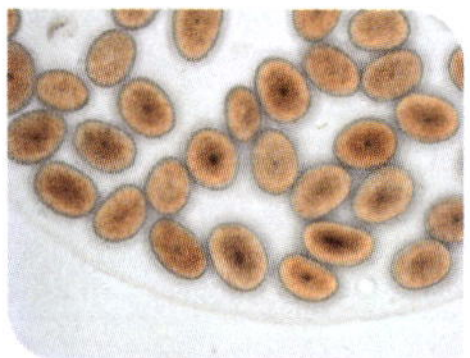

Haarstärke

Elektrostatische Aufladung

Saugfähigkeit (Wasseraufnahme-fähigkeit)

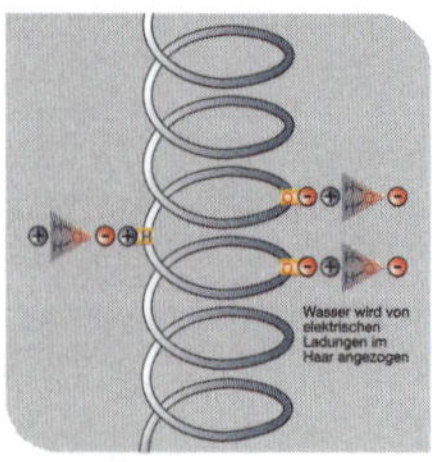

Quellung

Kapillarität (Leitfähigkeit) 	
Hygroskopizität (Wasseraufnahme aus der Luft)	
Dehnbarkeit	
Elastizität (Spannkraft)	
Plastizität (Verformbarkeit) 	
Reißfestigkeit 	

Lernstep 2

Versuche zu den Eigenschaften der Haare

Wie können Sie die Eigenschaften der Haare untersuchen?

Versuch 1: Haarstärke *(Quelle: TU Darmstadt, Nachlass Lehmberg)*

Für die Haardiagnose spielt die Haarstärke eine wichtige Rolle. So zum Beispiel bei der Auswahl der Haarpflege, beim Schneiden der Haare, beim Färben oder beim Dauerwellen.

Die Haarstärke wird mithilfe des Haarstärkenmessgerätes gemessen:

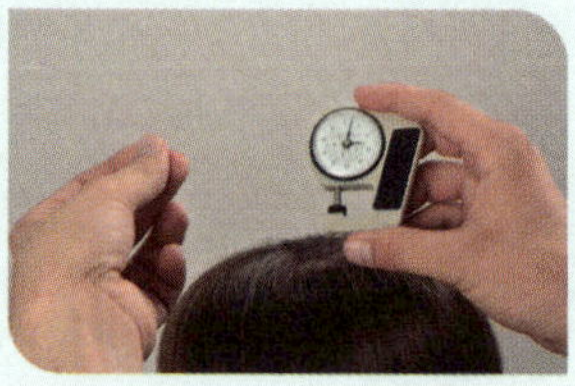

Feines Haar	<0,05 mm
Mittelstarkes Haar (medium)	0,05–0,07 mm
Starkes Haar	>0,07 mm

Experiment:

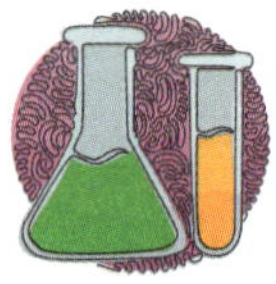

- Messen Sie mithilfe des Haarstärkenmessgerätes verschiedene Haare Ihrer Mitlernenden.
- Notieren Sie die Angaben in der Tabelle. Bestimmen Sie die Haarstärke.

Haar	Haarstärke in mm	Haarstärke
1		
2		
3		
4		

- Suchen Sie Informationen aus dem Lehrbuch, was Sie bei feinen Haaren beachten müssen:
  a) Bei der Auswahl von Reinigungs- und Pflegeprodukten

  b) Beim Frisieren

  c) Beim Haare schneiden

LERNSTEP 2

d) Beim Färben

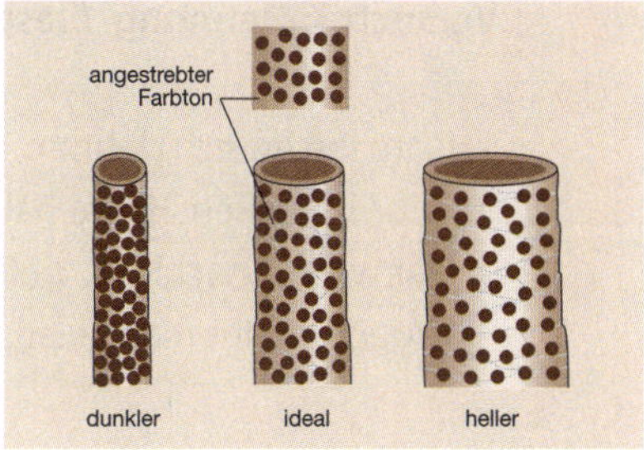

____

____

____

____

e) Beim Dauerwellen

____

____

____

____

Versuch 2: Elektrostatische Aufladung

Die elektrostatische Aufladung der Haare beruht auf der Reibung zweier Materialien, bei der Elektronen ausgetauscht werden.

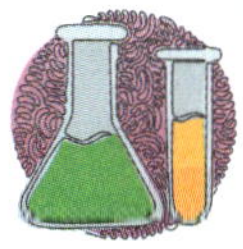

Experiment:

- Sie benötigen einen Luftballon und eine Person mit etwas längeren Haaren.
- Pusten Sie den Luftballon auf, knoten Sie den Luftballon zu und reiben Sie diesen an einem Stoff, z. B. am Pullover.
- Halten Sie anschließend den Ballon an die Haare.
- Zeichnen Sie ein Bild, wie sich die Haare am Luftballon verhalten.

- Ergänzen Sie den folgenden Satz mit eigenen Worten.

Beim Reiben des Luftballons an den Haaren, ______________________.

- Ergänzen Sie die folgenden Sätze mit den unten stehenden Wörtern:
  zieht die Haare an, stehen zu Berge, Reibung, Ladung, negativ geladen, positiv geladen

Durch die __________ der Haare am Luftballon haben Luftballon und Haare zwar sowohl negative als auch positive Ladungen, allerdings überwiegt jeweils eine __________. Dadurch ist der Luftballon zum Beispiel ________________ und die Haare sind ________________. Das Resultat: Der Luftballon ______________________. Die Haare untereinander ______________________, da sie die gleiche Ladung haben. Besonders hoch ist die elektrostatische Aufladung, wenn die Haare sehr trocken sind.

Versuch 3: Dehnung, Elastizität, Reißfestigkeit *(Quelle: TU Darmstadt, Nachlass Lehmberg)*

Haare lassen sich dehnen. Das bedeutet, dass sie sich in die Länge ziehen lassen, bevor sie reißen. Haare haben eine gewisse Reißfestigkeit. Wenn das Ziehen auf das Haar wieder nachlässt, geht es in seinen ursprünglichen Zustand zurück. Diesen Vorgang nennt man Elastizität. Werden die Haare zu weit gedehnt, reißen sie.

Experiment:

- Sie benötigen ein Haarprüfgerät. Unbehandeltes, gesundes Haar soll mithilfe eines Haarprüfgerätes auf seine Dehnbarkeit untersucht werden.
- Spannen Sie ein einzelnes Haar so in das Haarprüfgerät ein, dass sich zwischen den Spannbacken eine freie Haarlänge von 10 cm ergibt. (Bei 10 cm Ausgangslänge entspricht jeder Millimeter der späteren Dehnung einem Prozent der ursprünglichen Länge.)
- Achten Sie darauf, dass das Haar fest eingespannt ist. Während des Dehnens beobachten Sie die Spannbacken, da das Haar bei zu loser Einspannung leicht nachrutscht. Das führt zu Messfehlern.
- Dehnen Sie anschließend das Haar, bis es reißt. Lesen Sie die Dehnung in mm ab und berechnen Sie die Dehnbarkeit.
- Wiederholen Sie den Versuch fünf Mal (mit fünf Haaren des gleichen Kopfes).
- Tragen Sie die abgelesenen Werte in die Tabelle ein. Errechnen Sie von den fünf Messungen den Durchschnittswert.
- Führen Sie den Versuch in gleicher Weise mit feuchtem Haar aus.

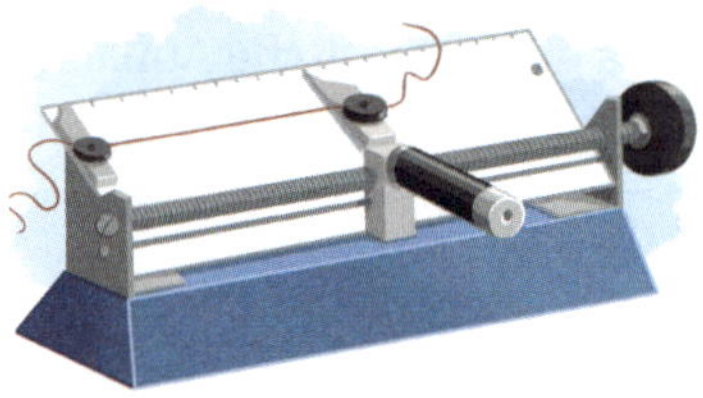

Versuche	Trockenes Haar		Nasses Haar	
	mm	%	mm	%
1				
2				
3				
4				
5				
Durchschnittswert				

- Bewerten Sie die Aussagen mit richtig oder falsch:

	✓	✗
Ein gesundes Haar darf beim Kämmen nicht gedehnt werden, sonst reißt es.		
Ein trockenes, gesundes Haar lässt sich bis um die Hälfte seiner ursprünglichen Länge dehnen, bevor es reißt.		
Wenn ein Haar angefeuchtet wird, erhöht sich seine Dehnungsfähigkeit.		
Trockenes Haar reißt schneller als feuchtes Haar.		

LERNSTEP 2

Versuch 4: Saugfähigkeit *(Quelle: TU Darmstadt, Nachlass Lehmberg)*

Haare sind aufgrund ihres kapillaren Aufbaus in Fasern in der Lage, Flüssigkeiten aufzunehmen.

Experiment:

- Erforderliche Geräte und Hilfsmittel:
  3 gleich schwere Haarsträhnen (unbehandelt, gleicher Art und Qualität)
  3 Messzylinder
  3 Glasstäbe

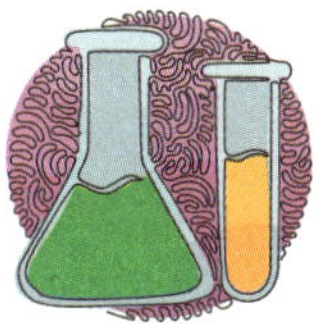

Prüfen Sie unbehandelte, gesunde Haare auf ihre Saugfähigkeit.

- Messen Sie das Gewicht der Haarsträhnen mit einer Waage und tragen Sie die Ergebnisse in die untenstehende Tabelle ein.
- Füllen Sie alle Messzylinder mit 50 ml Wasser.
- Tauchen Sie jede Haarsträhne in einen Messzylinder.
- Nehmen Sie die Haarsträhnen nach etwa 5 min wieder aus dem Messzylinder. Hier ist es empfehlenswert, die Haarsträhnen zum Abtropfen auf den Glasstab zu hängen.
- Lesen Sie die neuen Wasserstände am Messzylinder ab und tragen Sie die Werte in die Tabelle ein.
- Errechnen Sie von den 3 Messungen den Durchschnittswert.

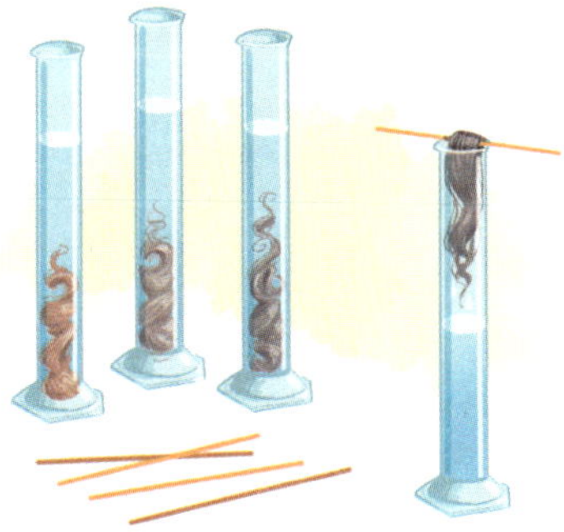

Versuche/ Haarsträhne in g	Wasseraufnahme	
	ml	%
1		
2		
3		
Durchschnittswert		

Beachte bei der Berechnung:
1 ml = 1g

- Beschreiben Sie mit eigenen Worten, wie sich die Haarsträhnen verhalten.

____

____

- Erklären Sie mit dem Aufbau der Haare, warum das Haar saugfähig ist.

____

____

____

____

- Was denken Sie: Ist poröses Haar saugfähiger als ein gesundes Haar? Notieren Sie Ihre Hypothese (Vermutung).

____

____

____

LERNSTEP 2

Lernstep 3

Legekarten: Eigenschaften der Haare und Bedeutung für die Arbeit am Haar

Haare nehmen Wasser auf und werden dicker.	Haarstärke	Verknotete Haare können auch mit Kraft durchgekämmt werden.	Reißfestigkeit
Plastizität	Haare lassen sich verformen.	Haar-querschnitt	Beim Auftragen der Blondierung beim Strähnen der Haare entstehen Flecken am Haaransatz.
Haare lassen sich länger ziehen und gehen in den Ausgangszustand zurück.	Nachdem der Pony im nassen Haar genau geschnitten wurde, ist er im trockenen Zustand etwas zu kurz.	Ein gefärbtes Haar benötigt eine andere Dauerwellflüssigkeit als unbehandeltes Haar.	Haare leiten Flüssigkeiten weiter.
Feine Haare lassen sich schlecht frisieren. Die Frisuren halten nicht.	Kapillarität	Haare sind unterschiedlich dick.	Dauergewellte Haare, die glatt geföhnt wurden, werden an einem Regentag schnell wieder lockig.
Haare haben unterschiedliche Formen.	Haare können Lasten tragen, bevor sie reißen.	Elastizität	Haare laden sich auf und stehen ab.
Hygroskopizität	Haare lassen sich länger ziehen.	Haare können mit Wasser und Wärme umgeformt werden.	Dehnbarkeit
Nach dem Kämmen stehen die Haare am Kopf ab.	Beim Auftragen der Dauerwellflüssigkeit auf das aufgewickelte Haar wird die Flüssigkeit bis zu den Spitzen geleitet.	Elektrostatische Aufladung	Beim Kämmen von blondierten Haaren „leiern" die Haare aus und werden länger.
Saugfähigkeit und Quellung	Haare nehmen aus der Luft Feuchtigkeit auf.	Bandförmiges Haar lässt sich nicht umformen.	

Lernsituation

1 Den Aufbau und das Erscheinungsbild der Haare beschreiben

1.3 Haarschäden und -anomalien erkennen und deren Entstehung erklären

LERNSZENARIO:

Als Anja sich von Frau Sommer verabschieden möchte, betritt Herr Sommer den Salon. Er wollte seine Frau abholen. Allerdings möchte Herr Sommer die Chance nutzen, um von den Haarexperten des Salons eine Empfehlung zu bekommen. Er fragt Anja:

14:00 Uhr
Herr Sommer

„Ich liebe ja meine langen Haare, allerdings habe ich immer so gespaltene Spitzen. Sag mal, Anja, warum ist das denn so?"

Haarschäden und -anomalien erkennen und deren Entstehung erklären

ICH KANN:

... anhand von vier Kundengesprächen die verschiedenen Arten der Haarschädigung nennen.

... die Ursachen für die Haarschäden beschreiben.

... die Folgen und die Behandlungsmöglichkeiten für das Haar nennen und erläutern.

... Haarschäden von Haaranomalien unterscheiden.

... die Arten der Haaranomalien benennen.

... beschreiben, woran man die Haaranomalien erkennt.

... dem Kunden erklären, was Spliss ist, wie er entsteht und was man daran ändern kann (Kundengespräch).

LERNJOB

Vorwissen aktivieren

- Setzen Sie sich in einer Dreiergruppe zusammen (Murmelgruppe).
- Unterhalten Sie sich: Welche Erfahrungen konnten Sie bereits im Salon zu dem Thema Haarschäden sammeln? Beschreiben Sie die Vorfälle in kurzen Sätzen.
- Notieren Sie sich die Ergebnisse am Wortigel.

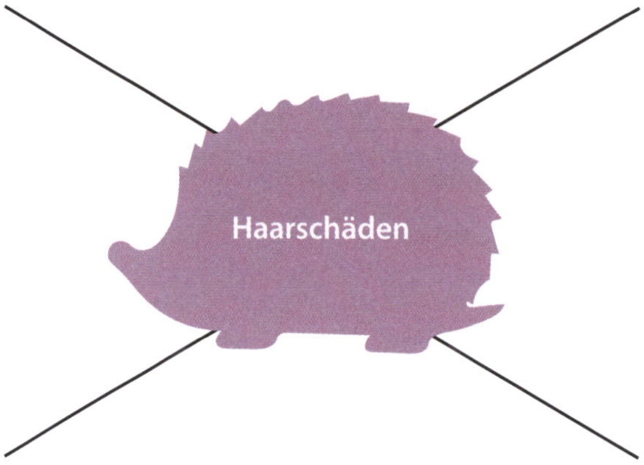

- Stellen Sie kurz Ihre Ergebnisse der Gruppenarbeit vor. Ergänzen Sie die Ergebnisse der anderen Gruppen am Wortigel.

Informieren 1

- Gehen Sie in Vierergruppen zusammen.
- Bearbeiten Sie den Lernstep „Haarschäden“ (S. 36 f.) Finden Sie hier heraus, welche:

  Ursachen | **Folgen** | **Behandlungsmöglichkeiten**

  ... es für Haarschäden gibt.

Methode: ______________________

Die Methodenkarte finden Sie im Digital Plus Material. DIGITAL+

- Markieren Sie den Lernstep in der Tabelle nach dem Bearbeiten als erledigt und bewerten Sie den Schwierigkeitsgrad.

Name des Lernsteps	erledigt ✓	☺	😐	☹
Haarschäden				

LERNJOB

Informieren 2

- Bleiben Sie in Ihren Gruppen.
- Verteilen Sie die Lernkarten aus dem Lernstep „Haaranomalien" zu gleichen Teilen an die Gruppenmitglieder und suchen Sie die nötigen Informationen zu den einzelnen Abbildungen in Ihrem Lehrbuch.
- Ergänzen Sie die fehlenden Merkmale.
- Tauschen Sie sich innerhalb Ihrer Gruppe über die gesammelten Erkenntnisse aus. Ergänzen Sie fehlende Informationen.
- Markieren Sie den Lernstep in der Tabelle nach dem Bearbeiten als erledigt und bewerten Sie den Schwierigkeitsgrad.

Name des Lernsteps	erledigt √	🙂	😐	🙁
Haaranomalien				

Planen, Entscheiden, Durchführen

- Herr Sommer ist nicht der einzige Kunde, der sich diese Woche über die Beschaffenheit der Haare informiert. Erklären Sie der folgenden Kundschaft, welche Ursache und Folgen die Haarbehandlungen haben.
- Geben Sie der Kundschaft eine entsprechende Empfehlung.
- Tragen Sie die Ergebnisse in die Tabelle ein.

Name und Ursachen der Haarschäden	Folgen für das Haar	Empfehlung
„Ich glätte meine Haare jeden Tag. Meine Haare sind sehr stumpf und fühlen sich nicht gut an. Ich habe das Gefühl, dass meine Haare abbrechen."		
thermische Ursachen: Föhnen, glätten	Hitze entzieht Feuchtigkeit, Hornsubstanz wird trocken, das Haar wird spröde und brüchig, das Haar bricht leicht, Spliss entsteht.	Hitzeschutzmittel auftragen, Haare nicht so oft glätten
„Meine Haare lassen sich schlecht umformen. Ein anderer Friseur sagte mal, dass sie eher flach sind. Ich habe es mal mit Dauerwelle probiert, damit die Haare besser halten. Aber die Haare waren eher trocken."		

LERNJOB

Name und Ursachen der Haarschäden	Folgen für das Haar	Empfehlung
„Ich mag am liebsten einen Zopf und einen Pony. Damit die Haare am Oberkopf viel Volumen haben, toupiere ich viel. Beim Kämmen habe ich das Gefühl, dass viele Haare ausfallen.“		
„Ich komme jeden Monat zum Färben. Ab und zu lasse ich mir eine Dauerwelle machen, damit die Haare einen schönen Stand haben. Allerdings fühlen sich meine Haare sehr trocken an.“		
„Ich war letzten Monat im Urlaub. Seitdem sind meine Haare so hell und ich habe das Gefühl, dass sie sehr strohig sind.“		

LERNJOB

Kontrollieren

- Vergleichen Sie Ihre Empfehlungen.
- Stellen Sie Gemeinsamkeiten und Unterschiede fest. Ergänzen Sie fehlende Informationen (S. 33–34).
- Überlegen Sie, was Anja Herrn Sommer in Bezug auf das Problem vom Anfang antworten kann. Schreiben Sie eine für den Kunden verständliche Erklärung.
- Lesen Sie Ihre Erklärung vor.

Evaluieren und Zusammenfassen

Beantworten Sie die Reflexionsfragen:

Ich kann:	☺	☹
... anhand von vier Kundengesprächen die verschiedenen Arten der Haarschädigung nennen.		
... die Ursachen für Haarschäden beschreiben.		
... die Folgen und die Behandlungsmöglichkeiten für das Haar nennen und erläutern.		
... Haarschäden von Haaranomalien unterscheiden.		
... die Arten der Haaranomalien benennen.		
... beschreiben, woran man die Haaranomalien erkennt.		
... dem Kunden erklären, was Spliss ist, wie er entsteht und was man daran ändern kann (Kundengespräch).		

Lernstep 1

Haarschäden

Aufgaben:

- Stammgruppe: Verteilen Sie die Kundinnen in Ihrer Gruppe.
- Lesen Sie das Ihnen zugeteilte Gespräch, dass Anja mit der Kundin im Salon über Haarschäden geführt hat.
- Markieren Sie:

Ursachen, Name und Art der Schädigung

Gespräch – Kundin 1: Lena

Anja: „Welche chemischen Behandlungen hast du deinem Haar denn in letzter Zeit zugemutet?"

Lena: „Hm. Was zählt denn zu den chemischen Behandlungen?"

Anja: „Dazu zählen das Haare färben, blondieren und natürlich auch die Dauerwelle."

Lena: „Ah ok, dann habe ich schon eine Menge an chemischen Behandlungen durch. Letztes Jahr hatte ich mir Strähnen machen lassen. Ich glaube, da wurden auch einige blondiert. Eine Dauerwelle hatte ich schon lange nicht mehr. Warum fragst du? Ist das schlimm für die Haare?"

Gespräch – Kundin 2: Sandra

Anja: „Sandra, deine Haare sind ja ganz hell. Warst du etwa schon wieder im Urlaub?

Sandra: „Oh ja, das war wieder richtig cool: Am Meer in der Sonne liegen und sich die Sonne auf den Bauch scheinen lassen. Aber ich kenn dich doch, Anja. Irgendetwas hat das doch wieder mit meinen Haaren zu tun, oder?"

Anja: „Richtig! Starke Sonneneinstrahlung, also UV-Strahlen, dazu erhöhter Sauerstoffgehalt, Meerwasser und Salzgehalt wirken sich negativ auf die Haarstruktur aus. Das merkst du daran, dass sich deine Haare etwas strohig anfühlen und heller werden."

Sandra: „Das ist aber interessant. Mir ist das aber auch schon aufgefallen. Deswegen wasche ich meine Haare im Urlaub auch täglich. Was passiert denn da genau?"

Gespräch – Kundin 3: Susi

Anja: „Wie viel Wärme bekommen deine Haare eigentlich ab? Du glättest deine Haare doch jeden Morgen, oder?"

Susi: „Oh ja, ich finde es so nice, wenn meine Haare schön glatt aussehen. Und dann benutze ich das Glätteisen auch mal täglich. Warum fragst du?"

Anja: „Naja, das Glätteisen ist sehr heiß und zu viel Wärme kann dem Haar schaden. Das nennt man thermische Schäden. Benutzt du denn auch einen Föhn zum Haare trocknen?"

Susi: „Meistens habe ich morgens nicht so viel Zeit. Deswegen föhne ich die Haare zuerst trocken. Wichtig ist es mir, dass es schnell geht. Da stelle ich den Föhn schon mal auf die höchste Stufe. Danach das Glätteisen auf Vollgas und ganz schnell sind die Haare glatt."

Gespräch – Kundin 4: Laima

Anja: „Mit welchen Haarwerkzeugen kämmst du zu Hause deine Haare!"

Laima: „Was verstehst du unter Haarwerkzeugen? Ich benutze eben eine Bürste und einen Kamm, wenn das zählt."

Anja: „Das ist eben die Frage. Kamm ist nicht gleich Kamm und Bürste ist nicht gleich Bürste. Da gibt es Unterschiede, fast wie beim Schokolade kaufen. Qualität erkennst du auch an den Werkzeugen, mit denen du deine Haare kämmst. Außerdem ist mir aufgefallen, dass du seit einiger Zeit häufig einen Zopf trägst. Die Werkzeuge und auch der Zopf haben eben eine mechanische Wirkung auf deine Haare.

Laima: „Ok, jetzt verstehe ich. Darüber habe ich mir ehrlich gesagt bisher noch keine Gedanken gemacht. Ich glaube, recht teuer waren diese nicht. Und wegen dem Zopf. Morgens muss es eben schnell gehen. Da ist der Zopf die einfachste Lösung. Da muss ich mich auch nicht ärgern, wenn die Frisur nicht so hält. Manchmal toupiere ich meine Haare auch und mache Haarspray rein, damit alles gut hält."

Laima: „Aber sage mal, Anja, welche Unterschiede gibt es denn bei den Kämmen und Bürsten? Und bei dem Zopf. Was schädigt meine Haare daran denn so?"

LERNSTEP 1

Aufgaben:

- Expertengruppe: Gehen Sie mit den Mitlernenden zusammen, die die gleiche Kundin bearbeitet haben.
- Tauschen Sie sich über die Haarschädigungen aus.
- Suchen Sie sich bei den nachfolgenden Texten die Textpassage, die Ihrer Meinung nach den Dialog fortführt. Notieren Sie den Namen der Kundin auf der Linie.
- Markieren Sie dort:

Folgen für das Haar | **Behandlungsmöglichkeiten**

Gespräch – Kundin: ______________________

Anja: „Wenn ich darf, gebe ich dir mal ein paar Tipps: Stelle den Föhn am besten nicht auf die heißeste Stufe und föhne ganz in Ruhe. Wichtig ist auch, dass du die Föhndüse auf dem Föhn gesteckt hast, denn sonst gelangt die heiße Luft direkt auf die Haare und kann sie schädigen. Wenn du deinem Haar besonderen Schutz geben willst, solltest du ein Hitzeschutzmittel auftragen. Das Glätteisen solltest du mit Bedacht benutzen. Das ist so heiß, dass das ständige Glätten die Haare schädigt. Hier ist das Hitzeschutzmittel ein „must have".

Kundin: „Oh, das wusste ich nicht. Was passiert denn mit meinen Haaren?"

Anja: „Durch die Hitze wird der Teil des Haares entfernt, der benötigt wird, damit das Haar genug Feuchtigkeit hat. Die Hornsubstanz wird trocken, das Haar spröde und brüchig. So kann das Haar leichter abbrechen. Wenn die Schuppenschicht geschädigt wird, entsteht vermehrt Spliss. Den erkennst du an den gespaltenen Haarspitzen. Dabei wird das Haar in der Längsrichtung gespalten, so dass die Faserschicht zu erkennen ist. Das ist nicht mehr zu reparieren."

Gespräch – Kundin: ______________________

Anja: „Die ultraviolette Strahlung bildet mit dem Wasser in einem chemischen Prozess Wasserstoffperoxid. Das hellt dein Haar besonders in den Spitzen auf. Zudem wird dein Haar nicht nur heller, sondern auch rau, was sich strohig anfühlt. Dadurch braucht dein Haar sehr viel Feuchtigkeit."

Kundin: „Oh je. Wasserstoffperoxid ist doch der Stoff, der beim Blondieren eingesetzt wird, oder?"

Anja: „Genau. Deswegen wäre es gut, wenn du mir das nächste Mal Bescheid gibst, bevor du in den Urlaub fährst. Dann kann ich dir genau die richtigen Produkte mitgeben. Die haben dann einen UV-Filter, der dein Haar vor den entstehenden Schäden schützt."

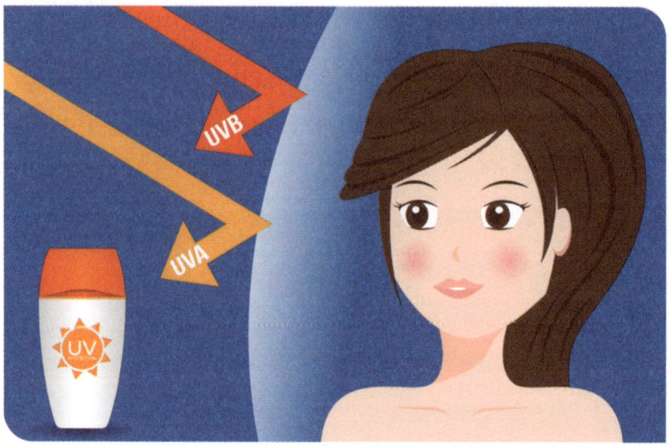

Gespräch – Kundin: ______________________________

Anja: „Schlechte Kämme und Bürsten haben meistens scharfe Kanten an den sogenannten Zähnen oder Borsten. Diese Kanten können beim Kämmen die äußere Schicht des Haares, die Schuppenschicht, kaputt reißen und sogar bis in die Faserschicht eindringen. Deine Haare werden schlussendlich porös sein. Schlimmstenfalls brechen sie sogar ab."

Kundin: „Ach so, das wusste ich nicht. Ich werde zu Hause gleich einmal nachsehen und kontrollieren."

Anja: „Ok, das ist eine gute Idee. Wenn du Hilfe brauchst, komm einfach vorbei und bringe deine Kämme und Bürsten mit. Dann können wir zusammen schauen, ob sie eine gute Qualität haben und in Ordnung sind. Besonders hochwertige Kämme und Bürsten sind meistens aus natürlichen Materialien hergestellt. Ich möchte dir aber noch kurz erzählen, was passiert, wenn du jeden Tag einen Zopf hast. Leider ist es so, dass straff zusammengesteckte Haare Schäden verursachen können. Haltegummis können an den Stellen, an denen sie die Haare halten, großen Druck ausüben. Das kann zu Haarbruch oder gespaltenen Haaren führen. Und toupieren, ausgeführt mit billigen Kämmen, kann dazu führen, dass die Schuppenschicht geschädigt wird."

Gespräch – Kundin: ______________________________

Anja: „Nein. Eigentlich nicht. Lass mich es dir erklären. Wenn die chemischen Behandlungen richtig angewendet und auf dein Haar abgestimmt werden, kann eigentlich nichts passieren. Werden die Regeln allerdings nicht beachtet, dann kommt es tatsächlich zu Schäden an den Haaren. Haarschäden umfassen alle Veränderungen des Haarkeratins. Sie reichen von Porösität bis zu starken Strukturverlusten. Die Chemikalien lösen Bestandteile an der Haarstruktur heraus, was dazu führt, dass deine Haare stumpf und glanzlos aussehen und sich nicht gut anfühlen."

Kundin: „Ist das bei allen chemischen Behandlungen gleich schlimm?"

Anja: „Nein, natürlich nicht. Ich muss nur darauf achten, dass ich die Produkte richtig anwende und die Regeln einhalte. So kann ich beim Färben und Blondieren immer die Produkte verwenden, die richtig auf deine Haarstruktur angepasst sind. Wir achten ebenfalls darauf, dass die chemischen Behandlungen nicht allzu häufig gemacht werden. Wichtig ist auch, dass die Haare nach der Farbbehandlung mit den richtigen Pflegeprodukten nachbehandelt werden. Wenn du die entsprechenden Pflegeprodukte auch zu Hause anwendest, kann gar nicht so viel passieren."

Aufgaben:

- Stammgruppe: Gehen Sie in Ihre Stammgruppen zurück.
- Stellen Sie sich nacheinander die Haarschädigungen, Ursachen und Behandlungsmöglichkeiten vor, die Sie aus dem entsprechenden Gespräch entnehmen konnten. Ergänzen Sie fehlende Informationen (Markierungen und Namen der Kundinnen).
- Bearbeiten Sie gemeinsam Lernstep 2 und den Abschnitt „Planen, Entscheiden, Durchführen" in Ihrer Lernaufgabe.

LERNSTEP 1

Lernstep 2

Haaranomalien

Welche Veränderungen im Aufbau kann ein Haar haben?

Aufgaben:

- Finden Sie mithilfe Ihres Fachbuches heraus,
  - woran Sie die Haaranomalien erkennen können.
  - ob es Behandlungsmöglichkeiten für die Haaranomalien geben kann oder nicht.
- Notieren Sie Ihre Ergebnisse auf den Lernkarten.

Bandhaar

Ringelhaar

Spindelhaar

Haarbruch

Haarspliss

Gedrehtes Haar

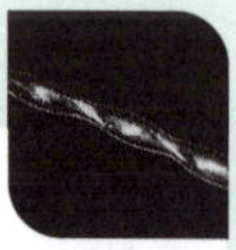

Knötchenkrankheit

Lernsituation

2 Den Aufbau und das Erscheinungsbild der Kopfhaut beschreiben

2.1 Den Aufbau der Kopfhaut beschreiben

LERNSITUATION

LERNSZENARIO:

Anja hat heute die Aufgabe, Frau Schön zu betreuen und für die weitere Behandlung vorzubereiten. Nachdem Anja die Kundin an den Platz gebracht hat, beginnt Frau Schön ein Gespräch mit Anja:

12:00 Uhr
Frau Schön
Beratung
Schneiden, Föhnen

„Ach, wissen Sie Anja, mit 45 Jahren merkt man schon, dass sich einiges verändert. Ich hatte früher so schöne glatte Haut und jetzt bekomme ich immer mehr Falten. Woran liegt das eigentlich? Ich habe nichts verändert in meinem Alltag ...
Aber was eigentlich viel schlimmer ist ... Seit ein paar Wochen habe ich so kleine Schüppchen auf der Kopfhaut und an den Armen. Wenn ich ein Peeling nehme, sind die Schuppen an den Armen für ein paar Wochen weg. Meine Haut ist wieder schön glatt. Können Sie mir erklären, warum das so ist?“

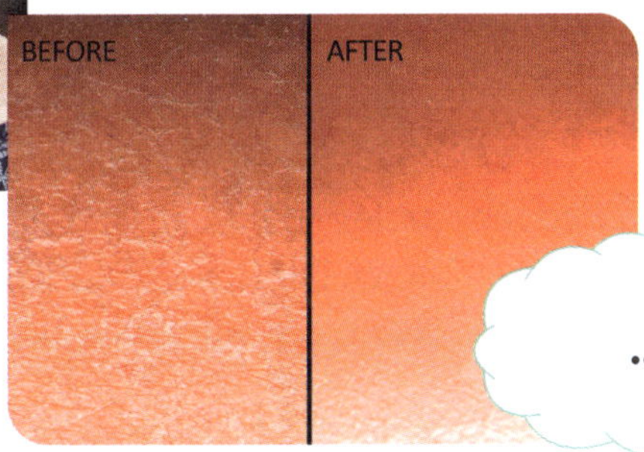

Den Aufbau der gesunden Kopfhaut beschreiben

ICH KANN:

... die verschiedenen Hautschichten benennen (Deutsch & Latein).

... den Aufbau und die Funktionen der verschiedenen Hautschichten beschreiben.

... die Drüsen der Haut voneinander unterscheiden.

... die Eigenschaften der verschiedenen Hautdrüsen beschreiben.

... die Schutzfunktionen der Haut benennen und erklären.

LERNJOB

Vorwissen aktivieren

DIGITAL+

- Gehen Sie in Vierergruppen zusammen und nehmen Sie sich ein vorgefertigtes Blatt für das Brainwriting (Zusatzblatt „Brainwriting").
- Entwickeln Sie, mithilfe der beschriebenen Vorgehensweise auf der Methodenkarte, Fragen an die Haut – unser größtes Organ.
- Ergänzen Sie die besten Ideen an der Wolke.

Fragen an:
„Die Haut –
unser größtes Organ"

Informieren

- Bleiben Sie in Ihrer Anfangsgruppe (Stammgruppe) zusammen und verteilen Sie innerhalb dieser die untenstehenden Lernsteps 1–4 auf die einzelnen Gruppenmitglieder.
- Informieren Sie sich in Form eines Gruppenpuzzles (Methodenkarte) über den Aufbau und die Aufgaben der Haut. Vergleichen Sie die Ergebnisse in den Expertengruppen.
- Tragen Sie Ihre neugewonnenen Erkenntnisse auf dem Lernstep „Die Haut – unser größtes Organ" zusammen – Anfangsgruppe (Stammgruppe). Ergänzen Sie die fehlenden Informationen auf den Lernsteps, die Sie nicht bearbeitet haben.

Methode: ____________________

Die Methodenkarte finden Sie im Digital Plus Material.

DIGITAL+

Name des Lernsteps	erledigt √	☺	😐	☹
Die Oberhaut				
Die Leder- und Unterhaut				
Die Drüsen der Haut				
Die Schutzfunktionen der Haut				
Die Haut – unser größtes Organ				

Planen, Entscheiden, Durchführen

- Erstellen Sie in Ihrer Gruppe mit den im Digital Plus Material online abrufbaren Kärtchen Ihr eigenes „Tabuspiel".
- Finden Sie zu jedem Oberbegriff mindestens vier Begriffe, die bei der Erklärung des Oberbegriffes nicht genannt werden dürfen. Tragen Sie diese Begriffe auf der Karte ein. Orientieren Sie sich dabei am nebenstehenden Beispiel „Verhornungszone".
- Spielen Sie mit den erstellten Karten zusammen mit einer anderen Gruppe oder im Plenum „Tabu" (Die Methodenkarte dazu finden Sie im Digital Plus Material).
- Für jeden Begriff hat das Team eine Minute Zeit, diesen zu erklären.
- Notieren Sie sich die Begriffe, die Sie nicht erraten konnten.

Verhornungszone

Hornschicht

Leuchtschicht

Abschilferung

Schüppchen

Kontrollieren

- Schauen Sie auf das Lernszenario zurück. Was kann Anja Frau Schön antworten?

„Ach, wissen Sie, Anja, mit 45 Jahren merkt man schon, dass sich einiges verändert. Ich hatte früher so schöne glatte Haut und jetzt bekomme ich immer mehr Falten. Woran liegt das eigentlich? Ich habe nichts verändert in meinem Alltag ...
Aber was eigentlich viel schlimmer ist ... Seit ein paar Wochen habe ich so kleine Schüppchen auf der Kopfhaut und an den Armen. Wenn ich ein Peeling nehme, sind die Schuppen an den Armen für ein paar Wochen weg. Meine Haut ist wieder schön glatt. Können Sie mir erklären, warum das so ist?"

- Welche Fragen haben Sie beim „Vorwissen aktivieren" an die Haut gestellt? Beantworten Sie diese im Klassenverband.

LERNJOB

Evaluieren und Zusammenfassen

Auch Anjas Chef möchte am Ende wissen, welche neuen Erkenntnisse Anja zum Aufbau der Haut gewonnen hat.

- Machen Sie sich Notizen zum Fachgespräch mit Anjas Chef.
  Folgende Begriffe müssen enthalten sein:
  Oberhaut, Lederhaut, Unterhautfettgewebe, Oberhaut erneuern, elastische und kollagene Fasern, Talgdrüsen, ekkrine und apokrine Schweißdrüsen, Säureschutzmantel, Pigmentierung, Lichtschwiele.
- Lesen Sie auch hier Ihr Ergebnis vor:

„Ich habe gehört, dass du dich mit Frau Schön über den Aufbau der Haut unterhalten hast. Erklär mir mal bitte, was du über die Haut gelernt hast."

Beantworten Sie die Reflexionsfragen:

Ich kann:		
... die verschiedenen Hautschichten benennen (Deutsch & Latein).		
... den Aufbau und die Funktionen der verschiedenen Hautschichten beschreiben.		
... die Drüsen der Haut voneinander unterscheiden.		
... die Eigenschaften der verschiedenen Hautdrüsen beschreiben.		
... die Schutzfunktionen der Haut benennen und erklären.		

Lese- und Arbeitsauftrag:

- Lesen Sie den Text genau durch.
- Markieren Sie die Schichten der Oberhaut.
- Unterstreichen Sie das Aussehen der Hautzellen.

LERNJOB

Die Geschichte von der kleinen Hautzelle Babette (Verfasser unbekannt)

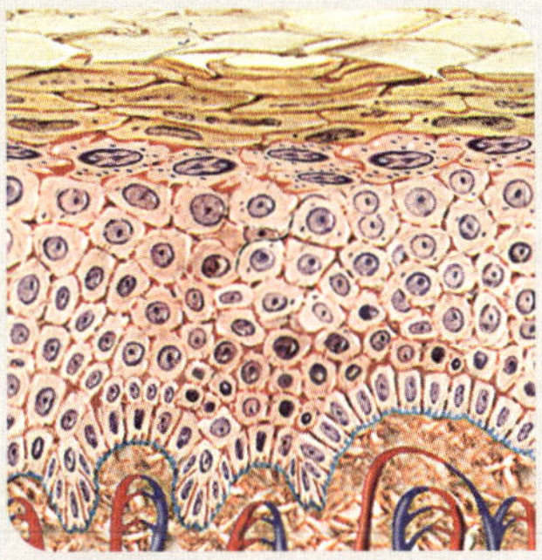

Tief unten in der **BASALZELLENSCHICHT**, auf dem Grunde der Epidermis, lebte einmal die kleine Basalzelle BABETTE. Sie wohnte dort noch gar nicht lange mit ihrer Schwester und ihrer Mutterzelle. Eines Tages sagte die Mutter zu Babette: „Liebe Tochterzelle, du bist nun groß genug, du bist eine schöne längliche, zylinderförmige Zelle geworden; dein Zellkern ist ausgeprägt genug, es ist an der Zeit, dass du dich aus der Basalzellenschicht löst und dich auf den Weg machst, um an die Hautoberfläche zu gelangen. Deine Schwester kann dich nicht begleiten. Sie wird hierbleiben, weil sie selbst zwei kleine Tochterzellen erwartet."
So machte sich die kleine Basalzelle Babette alleine auf, um an die weitentfernte Hautoberfläche zu wandern.

Es war ein anstrengender Weg von der Basalzellenschicht in die **STACHELZELLENSCHICHT**.
Babette verlor viel Wasser unterwegs und lief sich die Wurzelfüßchen so ab, dass sie schließlich ganz verschwunden waren. Sie schrumpfte richtig. Vor Anstrengung stieß sie sich Ecken und Kanten ab und wurde richtig kugelig. Ein Glück waren viele andere Zellen mit dem gleichen Ziel unterwegs, die ihr helfen konnten. Sie streckten alle ihre langen stachelartigen Fortsätze aus, hielten sich gegenseitig daran fest und wanderten so, Nachbarzelle an Nachbarzelle, weiter. Gut, dass ich so viele neue Freundinnen gefunden habe, dachte Babette. Wenn die mich nicht festhalten und mitnehmen würden, würde ich es alleine bestimmt nicht schaffen, an die Hautoberfläche zu kommen. Wer weiß, wo ich verloren gehen würde ...

Zellfortsatz an Zellfortsatz fest miteinander verbunden, gelangte Babette mit ihren Freundinnen in die **KÖRNERZELLENSCHICHT**. Als Babette einmal ein bisschen Zeit hatte, an sich herunterzusehen und sich selbst zu betrachten, erschrak sie. Was war aus ihrer schönen zylinderförmigen Figur und ihrem stattlichen Zellkern geworden, auf den sie so stolz war! Ganz flach war sie geworden, viel Wasser hatte sie verloren und der Zellkern war ganz verschwunden! Aber das war noch nicht das Schlimmste! Sie sah ja aus, als hätte sie die Beulenpest! Überall wuchsen ihr kleine körnige Einlagerungen! Babette fand sich furchtbar hässlich und war erst getröstet, als sie bemerkte, dass es allen ihren Freundinnen genauso ging.
„Was soll's", sagte eine Nachbarzelle zu Babette, „du verhornst eben, das ist halt so, wenn man als Hautzelle älter wird." Da beruhigte sich Babette wieder.

Auf ihrem Weg an die Hautoberfläche gelangte Babette nun in die **LEUCHTSCHICHT**. Wie das hier glänzte und blitzte! Vor lauter Aufregung bemerkte Babette gar nicht, dass sie mittlerweile ganz flach und plättchenförmig geworden war und eine faserige Struktur bekommen hatte. So begeistert war sie von dem Glanz, welcher durch das Licht entstand, das auf die Körner auftrat und reflektiert wurde. Richtig traurig war Babette, weil sie die Leuchtschicht so schnell wieder verlassen musste. Diese war eben nur so dünn. Aber sie konnte nicht stehenbleiben, die anderen Hautzellen zogen sie weiter.

So kam Babette jetzt in die **HORNSCHICHT**, die letzte Station vor der Hautoberfläche. Aus der ehemals runden, flüssigkeitsreichen Babette war nun eine ausgewachsene Hornzelle geworden, die ihren Verhornungsprozess fast völlig abgeschlossen hatte. Ein richtig schönes flaches Hornschüppchen war Babette geworden. Und vor allem hatte sie es geschafft, an die Hautoberfläche zu kommen! Allerdings: Ohne ihre vielen Freundinnen, an denen sie sich seit der Stachelzellenschicht festhielt, wäre sie nie bis hierhergekommen. Doch nun mussten sie sich voneinander trennen. Babette verabschiedete sich von ihren Freundinnen und löste sich schweren Herzens aus dem Zusammenhalt.

Die letzten Schritte bis zur Hautoberfläche musste sie alleine gehen und da – nach 28 Tagen Wanderung – hatte Babette ihr Ziel erreicht! Sie erblickte das Tageslicht, blinzelte ein paarmal – und ...

... wurde beim Abrubbeln der Haut nach der Morgendusche abgeschuppt!

Lernstep 1

Die Oberhaut

Aufgaben:

- Beschriften Sie die Abbildung und machen Sie sich zu den einzelnen Schichten der Oberhaut und der Veränderung der Hautzelle Notizen.
- Hilfe finden Sie im Fachbuch.

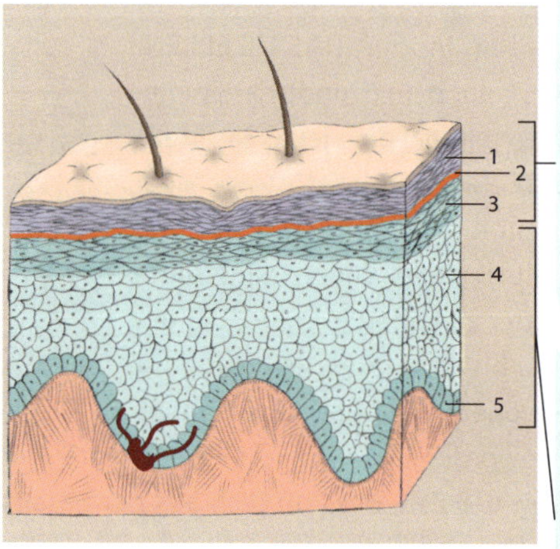

1 ______________________

2 ______________________

3 ______________________ 4 ______________________ 5 ______________________

Hornschicht

____

____

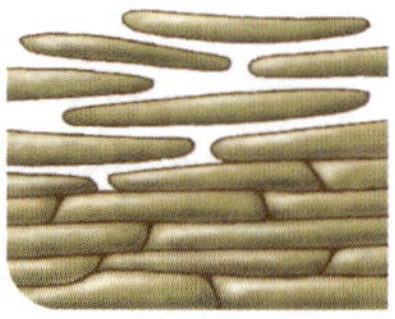

Leuchtschicht

____

____

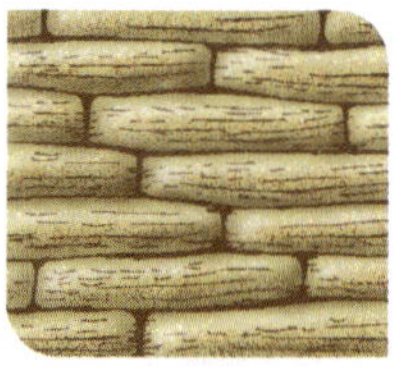

Körnerzellenschicht

____

____

Stachelzellenschicht

____

____

____

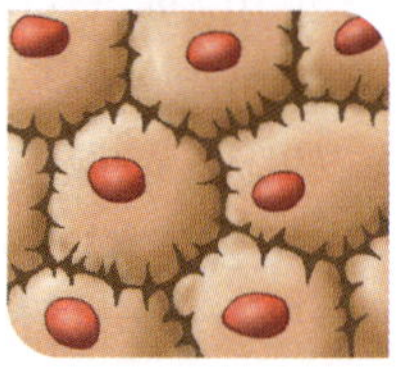

Basalzellenschicht

____

____

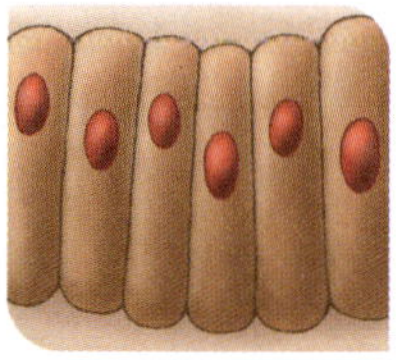

- Beschreiben Sie in eigenen Worten den Verhornungsprozess der Oberhaut:

____

____

____

____

Der Verhornungsprozess der Oberhaut ist nach __________ Tagen abgeschlossen.

- Überlegen Sie:
  Was passiert mit unserer Oberhaut, wenn wir ein Peeling anwenden? Denken Sie an die im Lernstep neugewonnenen Erkenntnisse:

Exkurs: Nachhaltige Peeling-Produkte? Peeling ohne Mikroplastik

Aufgabe:
Lesen Sie den Text. Diskutieren Sie in der Klassengemeinschaft: Welche Bedeutung hat Mikroplastik in kosmetischen Produkten? Welche Erkenntnisse konnten Sie aus dem Text zum Thema nachhaltige Friseursalons erhalten?

Viele Hautpflegeartikel enthalten aus unterschiedlichen Gründen mikroskopisch kleine Kügelchen aus synthetischem Kunststoff: Als Füllstoffe, um dem kosmetischen Produkt mehr Masse zu geben, oder auch als Peeling-Kügelchen. Peelings haben die Aufgabe, abgestorbene Hautzellen und Hautschüppchen von der Haut abzutragen. Dafür benötigen sie Inhaltsstoffe, die eine kernige und grobe Struktur haben, damit diese als „Schleifkörper" genutzt werden können. Diese Schleifkörper bestehen in gewöhnlichen Peelings sehr häufig aus Mikroplastik.

Heute wissen wir, dass diese kleinen Plastikkörper über die Körperpflege ins Abwasser, ins Grundwasser, ins Meer und durch den direkten Hautkontakt auch in den Körper des Menschen eindringen können. Das ist für die Natur und den Menschen gesundheitsschädigend, denn Plastik kann nicht abgebaut werden. Es bleibt also immer erhalten.

Aus diesen Gründen ist es wichtig, die benutzten Kosmetikprodukte auf Mikroplastik zu analysieren. Damit kann das Friseurhandwerk einen Beitrag zum nachhaltigen Handeln leisten. Nachhaltige Peeling-Produkte enthalten z. B. Salz, Zucker oder Reibekörner aus verschiedenen Kernen (z. B. Oliven- oder Mandelkerne), die als Schleifkörper eingesetzt werden.

Nachhaltigkeit im Fokus:

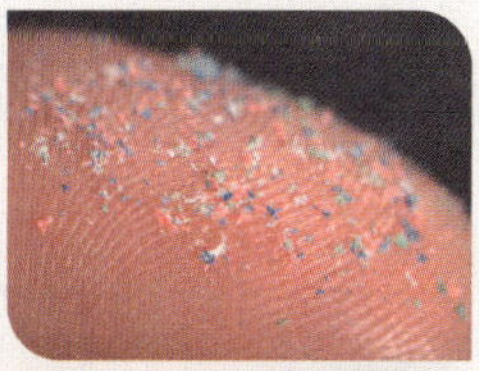

Lernstep 2

Die Leder- und Unterhaut

Aufgaben:

- Lesen Sie in Ihrem Fachbuch die Kapitel zur Leder- und Unterhaut.
- Beschriften Sie die Abbildung.
- Beschreiben Sie die Aufgaben der elastischen und kollagenen Phasen und das Aussehen der Fettzellen.

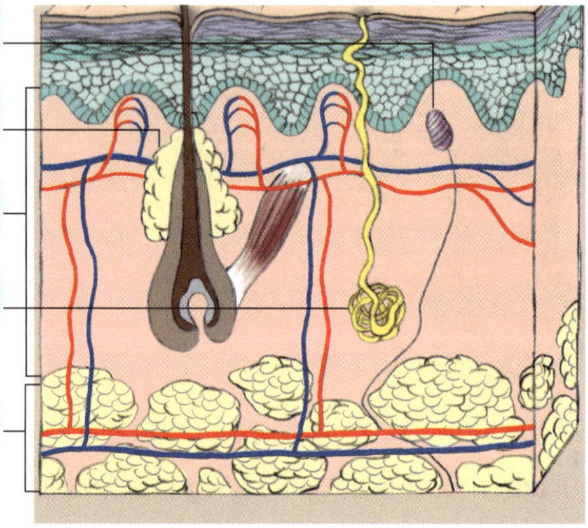

Elastische Fasern

Kollagene Fasern

Fettzellen und Unterhautfettgewebe

- Schauen Sie sich die beiden Bilder genau an.
- Beschreiben Sie in eigenen Worten, wie Falten entstehen.
- Beschreiben Sie in eigenen Worten, wie Cellulite entsteht.
- In welchen Schichten der Haut kommt es zu diesen Vorgängen?

Falten:

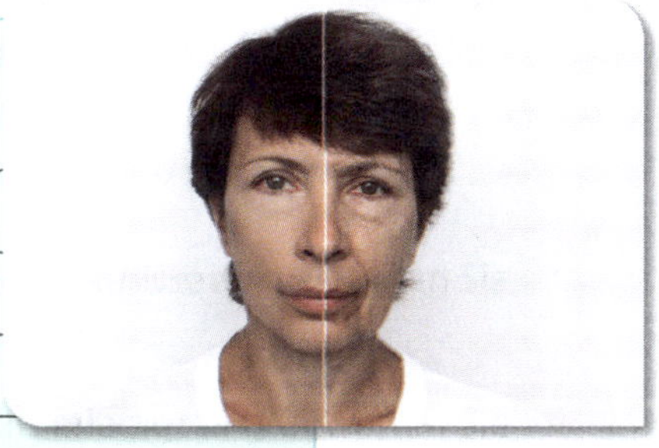

Cellulite:

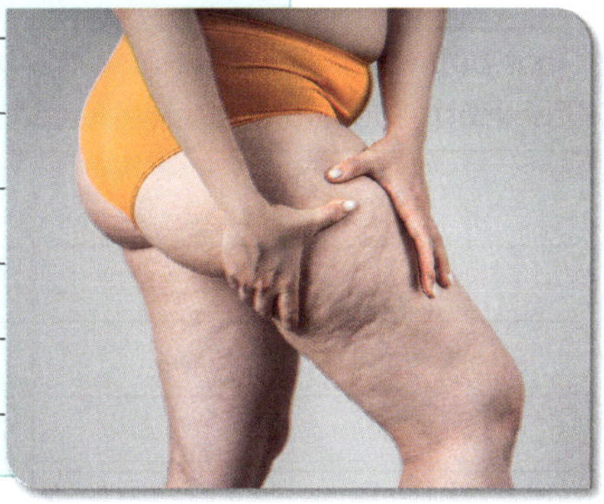

Lernstep 3

Die Drüsen der Haut

Aufgaben:

- Lesen Sie in Ihrem Fachbuch die Kapitel zu den Schweiß- und Talgdrüsen.
- Beschriften Sie die Abbildung.
- Beschreiben Sie die Eigenschaften der Talgdrüsen und die Talgproduktion.

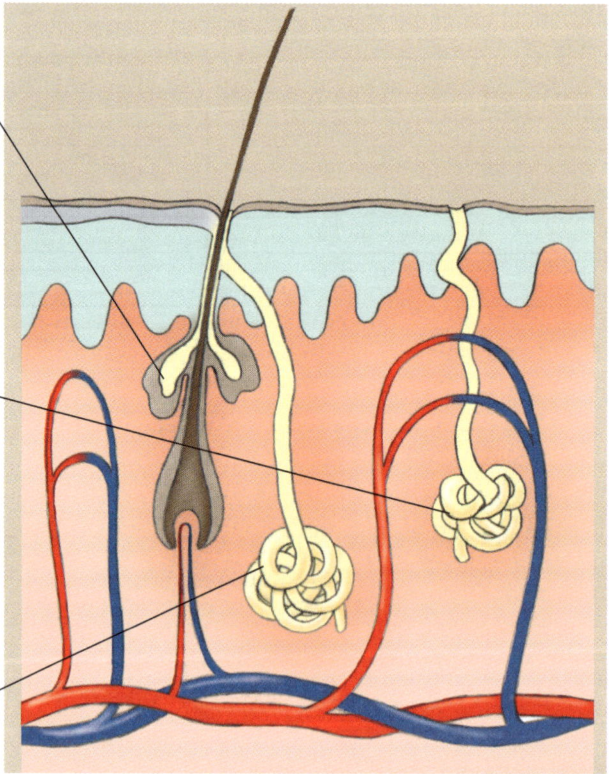

Talgdrüsen (und Talgproduktion):

- Beschreiben Sie den Unterschied zwischen apokrinen und ekkrinen Schweißdrüsen:

Apokrine Schweißdrüsen:

Ekkrine Schweißdrüsen:

- Überlegen Sie:
  Warum ist es besonders wichtig, dass wir schwitzen?

Lernstep 4

Die Schutzfunktionen der Haut

Aufgaben:

- Lesen Sie den Text genau.
- Markieren Sie die wichtigsten Schutzfunktionen der Haut in unterschiedlichen Farben (eine Farbe pro Hautschicht).

Schutzfunktionen unserer Haut:

Die Haut stellt die äußere Schutzhülle unseres Körpers dar. Sie hat eine Vielzahl an Funktionen. Unser Körper wird dadurch vor äußeren Einflüssen, wie UV-Strahlung, Druck und Kälte geschützt.

In der Oberhaut:

Die Hornschicht der Oberhaut enthält sowohl Fett als auch Wasser. Beide Substanzen sorgen dafür, dass die Haut nicht austrocknet. Als Barriere sorgt sie dafür, dass kein Wasser sowie keine Chemikalien in die tieferen Hautschichten eindringen können. Auf der Hornschicht selbst befindet sich ein saurer Schutzfilm aus körpereignen Substanzen, wie Schweiß, Hauttalg und Hornzellen. Dieser sogenannte **Säureschutzmantel** verhindert, dass Chemikalien und Erkrankungen verursachende Bakterien eindringen, da sie sich in einem sauren Milieu unwohl fühlen.

Kommen UV-Strahlen auf unsere Haut, reagieren die in der Basalzellenschicht sitzenden **Melanozyten** mit der Produktion von braunem Farbstoff, dem **Melanin.** Je mehr Pigmente gebildet werden, desto größer ist der Lichtschutz. Weiterhin kann sich die Hornschicht bis um das Zehnfache verstärken. Es bildet sich eine sogenannte **Lichtschwiele**. Eine voll ausgebildete Lichtschwiele und die höchste Pigmentierung können dem Lichtschutzfaktor 40 entsprechen.

In der Lederhaut:

Eine weitere wichtige Schutzfunktion unserer Haut ist die sogenannte „Gänsehaut". Der **Haaraufrichtemuskel,** der sich am Haarfollikel befindet, reagiert durch die umliegenden Nervenzellen auf verschiedene äußere Reize und zieht sich zusammen. Während des Zusammenziehens richtet sich unser sichtbares Haar auf und bildet somit eine Schutzbarriere für unsere Oberhaut.

Ist unser Organismus einer erhöhten (sportlichen) Belastung oder steigender Hitze ausgesetzt, reagieren die im gesamten Körper verteilten **Schweißdrüsen** mit einer erhöhten **Schweißabsonderung.** Durch die Verdunstung von Schweiß auf unserer Haut wird Wärme verbraucht. Es kommt zu der sogenannten Verdunstungskälte. Diese kühlt unseren Körper herunter, sodass dieser wieder die normale Körpertemperatur annimmt.

In der Unterhaut:

Die in der Unterhaut angelegten traubenförmigen Fettpolster können Stöße und hohen Druck regulieren. Die **Fettpolster** sind **in einem elastischen Geflecht** aus Bindegewebe angeordnet. Dadurch können sie äußeren Druck und Stöße abfangen und innere Verletzungen vorerst verhindern. Erste Stöße werden bereits durch die Hornschicht und die elastischen Fasern in der Lederhaut abgemildert. Den größten Schutz stellen aber, wie beschrieben, die Fettpolster dar.

- Beschriften Sie die folgende Abbildung, indem Sie die beschriebenen Schutzfunktionen aus dem Text in die Karten eintragen:

Säureschutzmantel:

Lichtschwiele:

Fettpolster:

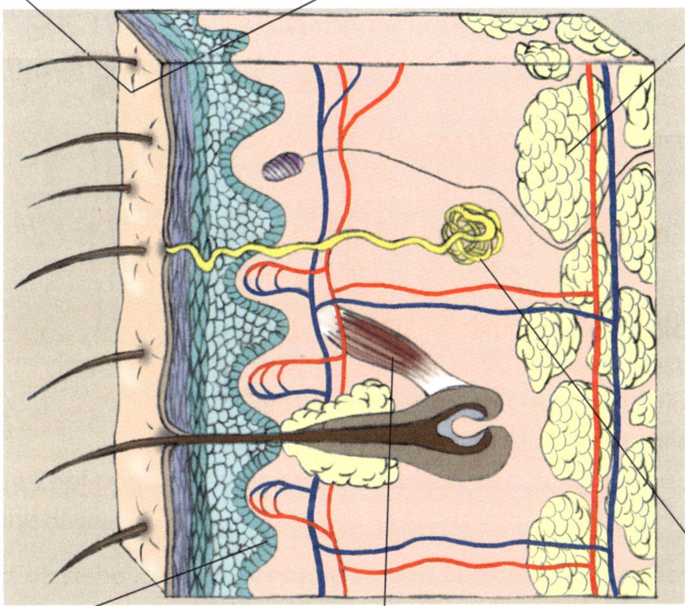

Melanozyten:

Haaraufrichte-Muskel:

Schweißdrüsen:

Lernstep 5

Die Haut – unser größtes Organ

Aufgaben:

- Tauschen Sie sich in Ihrer Stammgruppe über die Schichten der Haut und deren Funktionen aus.
- Beschriften Sie die Abbildung.
- Notieren Sie die fünf Schichten der Oberhaut in der richtigen Reihenfolge.

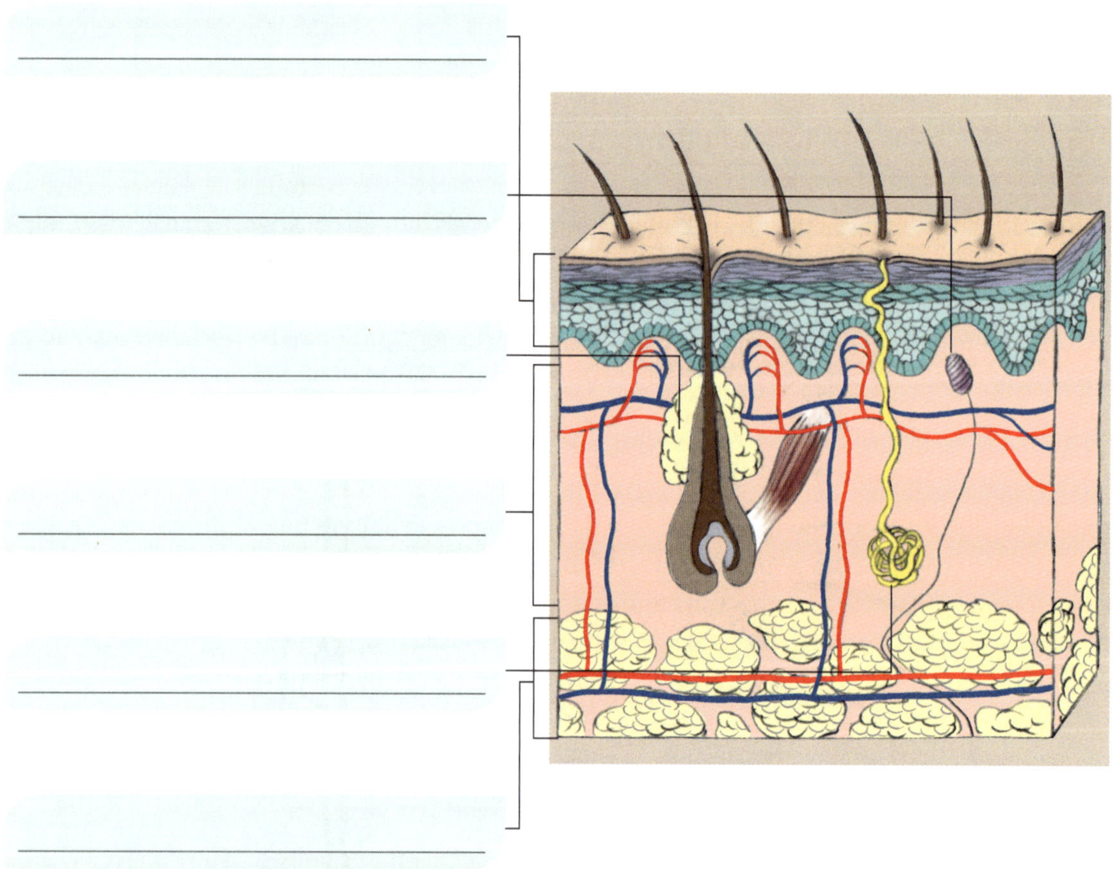

Die Schichten der Oberhaut:

- Diskutieren Sie gemeinsam und entscheiden Sie, welche der untenstehenden Aussagen zutreffen. Kreuzen Sie die falschen Aussagen an. Tauschen Sie sich innerhalb Ihrer Gruppe über die Haut aus.
- Korrigieren Sie die falschen Aussagen und notieren Sie jeweils die korrekte Antwort.

◯ Die Basalzellenschicht und die Stachelzellenschicht werden als Verhornungszone bezeichnet.

◯ Die Basalzellenschicht bildet durch ständige Zellteilung neue Zellen, die nach oben geschoben werden und verhornen.

◯ In der Stachelzellenschicht haben die Zellen stachelförmige Ausläufer und besitzen körnige Einlagerungen.

◯ Die Leuchtschicht dient an bestimmten Stellen (Handinnenflächen/Fußsohlen) vor mechanischer Belastung.

◯ In der Hornschicht sind die Zellen sehr rund, kugelig und mit viel Flüssigkeit gefüllt.

◯ Die Lederhaut enthält elastische und kollagene Fasern.

◯ Falten entstehen nur, wenn die elastischen Fasern ihre Elastizität verlieren. Dies geschieht nicht bei jedem.

◯ Das Unterhautfettgewebe besteht aus traubenförmigen Fettzellen, die in ein Bindegewebe eingebettet sind.

LERNSTEP 5

- ◯ Cellulite entsteht, wenn das Bindegewebe der Unterhaut nachlässt.

- ◯ Ekkrine Schweißdrüsen sind an das Haar gekoppelt und treten nur in den Achselhöhlen und dem Genitalbereich auf.

- ◯ Der typische Schweißgeruch entsteht, wenn Bakterien die Inhaltsstoffe des Schweißes zersetzen.

- ◯ Talgdrüsen treten am ganzen Körper auf und versorgen die Haut mit einem natürlichen Schutzfilm.

- ◯ Der Säureschutzmantel dient in erster Linie dazu, die Haut glänzend und geschmeidig zu machen.

- ◯ Die Pigmentierung der Haut hängt mit der Produktion von Melanin, als Reaktion auf UV-Strahlung, zusammen.

- ◯ Schwitzen hilft uns, das überflüssige Wasser in der Haut loszuwerden.

- ◯ Bakterien und Pilze können in dem sauren Milieu des Säureschutzmantels besonders gut wachsen.

- ◯ Nur die elastischen Fasern der Lederhaut helfen uns bei Druck und Stößen von außen.

Lernsituation

2 Den Aufbau und das Erscheinungsbild der Kopfhaut beschreiben

2.2 Das Haar in der Kopfhaut beschreiben

LERNSZENARIO:

Anja kämmt die Haare von Frau Schön, um den Haarzustand zu ermitteln. Plötzlich sagt Frau Schön:

„Das Schlimmste am Älterwerden ist eigentlich, dass ich so langsam komplett weiß werde. Ganz am Anfang war es so, dass meine Haare richtig schön grau waren. Ich wollte das schon so lassen, aber jetzt ist alles weiß! Ich dachte eigentlich immer, man ist entweder grau oder weiß. Anscheinend werden die Haare aber wohl erst grau und dann weiß. Oder was meinst du als Fachfrau, Anja?"

Das Haar in der Kopfhaut beschreiben

ICH KANN:

... die Schichten und Anhangsgebilde des Haarfollikels benennen.

... die Funktion der Anhangsgebilde des Haarfollikels beschreiben.

... den Wachstumsvorgang des Haares und seinen Verhornungsprozess beschreiben.

... Keratinozyten und Melanozyten voneinander unterscheiden.

... die Entstehung der natürlichen Haarfarbe und den Prozess des Ergrauens erklären.

... die unterschiedlichen Pigmentarten im Haar benennen.

LERNJOB

Vorwissen aktivieren

- Machen Sie sich zunächst in Einzelarbeit zu den untenstehenden Aussagen Gedanken.
- Setzen Sie ein Kreuz ╳ bei „stimmt" oder „stimmt nicht".
- Sammeln Sie die Meinungen aller Mitlernenden an der Tafel und werten Sie diese aus.
- Diskutieren Sie in der Klassengemeinschaft die Ergebnisse.
- Wie viele Mitlernende sind Ihrer Meinung, wie viele dagegen? Übernehmen Sie die Zahlen hier in Ihre Tabelle:

	Stimmt		Stimmt nicht	
	ich	Klasse	ich	Klasse
Haare werden weiß, weil keine Farbstoffe mehr gebildet werden.				
Haare werden grau, weil die Farbstoffe im Haar ihre Farbigkeit verlieren.				
Haare werden grau, weil im Haar ein grauer Farbstoff gebildet wird.				
Haare werden weiß, weil im Haar ein weißer Farbstoff gebildet wird.				
Haare erscheinen uns nur grau, weil sich weiße Haare mit farbigen Haaren mischen.				

Informieren

- Bearbeiten Sie in Einzelarbeit die untenstehenden Lernsteps.
- Gehen Sie mit einem Partner bzw. einer Partnerin zusammen, der/die mit Ihnen zur gleichen Zeit fertig ist und besprechen Sie gemeinsam Ihre Ergebnisse.

Methode: ____________________

Die Methodenkarte finden Sie im Digital Plus Material.

DIGITAL+

- Markieren Sie die einzelnen Lernsteps in der Tabelle nach dem Bearbeiten als erledigt und bewerten Sie den Schwierigkeitsgrad.

Name des Lernsteps	erledigt √	🙂	😐	🙁
Das Haar in der Haut – Wachstum des Haares				
Die natürliche Haarfarbe				

Planen, Entscheiden, Durchführen

- Bleiben Sie mit Ihrem Partner bzw. Ihrer Partnerin aus der vorherigen Phase zusammen und entwickeln Sie einen Dialog, indem Sie Frau Schöns Fragen korrekt beantworten.
  Denken Sie daran, dass es sich um eine Kundin handelt und sie die Fachbegriffe nicht verstehen wird.
- Schreiben Sie hierzu den Dialog in vier Schritten.

- Geben Sie Ihren Dialog einem anderen Paar.
- Lesen Sie sich die Dialoge gegenseitig vor und geben Sie ein fachliches Feedback, ob die Fragen von Frau Schön richtig beantwortet wurden.

LERNJOB

Mein Feedback zum Dialog aus der Lerngruppe:

Kontrollieren

- Schauen Sie auf die Meinungsumfrage vom Anfang zurück: Welche davon haben sich bewahrheitet? Notieren Sie diese.

Evaluieren und Zusammenfassen

- Auch Anjas Chef möchte am Ende wissen, welche neuen Erkenntnisse Anja gewonnen hat. Machen Sie sich Notizen zum Fachgespräch mit Anjas Chef.
- Folgende Begriffe müssen enthalten sein:
  Mutterschicht (Matrix), Haarzwiebel, Keratinozyten, Melanozyten, Melanin, Pigmente, Phäomelanin, Eumelanin, Farbrichtung, Farbtiefe, pigmentierte und unpigmentierte Haare
- Lesen Sie auch hier Ihr Ergebnis vor:

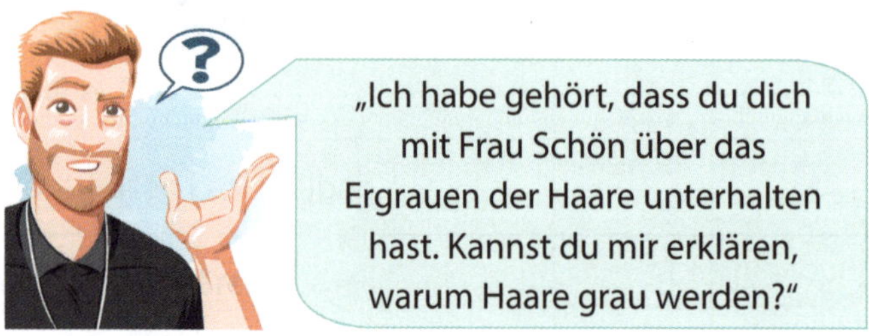

Beantworten Sie die Reflexionsfragen:

Ich kann:		
... die Schichten und Anhangsgebilde des Haarfollikels benennen.		
... die Funktion der Anhangsgebilde des Haarfollikels beschreiben.		
... den Wachstumsvorgang des Haares und seinen Verhornungsprozess beschreiben.		
... Keratinozyten und Melanozyten voneinander unterscheiden.		
... die Entstehung der natürlichen Haarfarbe und den Prozess des Ergrauens erklären.		
... die unterschiedlichen Pigmentarten im Haar benennen.		

Lernstep 1

Das Haar in der Haut – Wachstum des Haares

Aufgaben:

- Informieren Sie sich mithilfe Ihres Fachbuches über das Haar in der Kopfhaut.
- Beschriften Sie die Abbildung und die untenstehenden Sätze mit den entsprechenden Fachbegriffen.

Fachbegriffe: *Cuticula (Schuppenschicht), Cortex (Faserschicht), Medulla (Mark), Haarbalg, innere Wurzelscheide, äußere Wurzelscheide, Haarpapille, Melanozyten, Matrixzellen (Keratinozyten), Verhornungszone, Wachstumszone, Kapillaren, Glashaut, Verformungszone, Haarfollikel, Oberhaut*

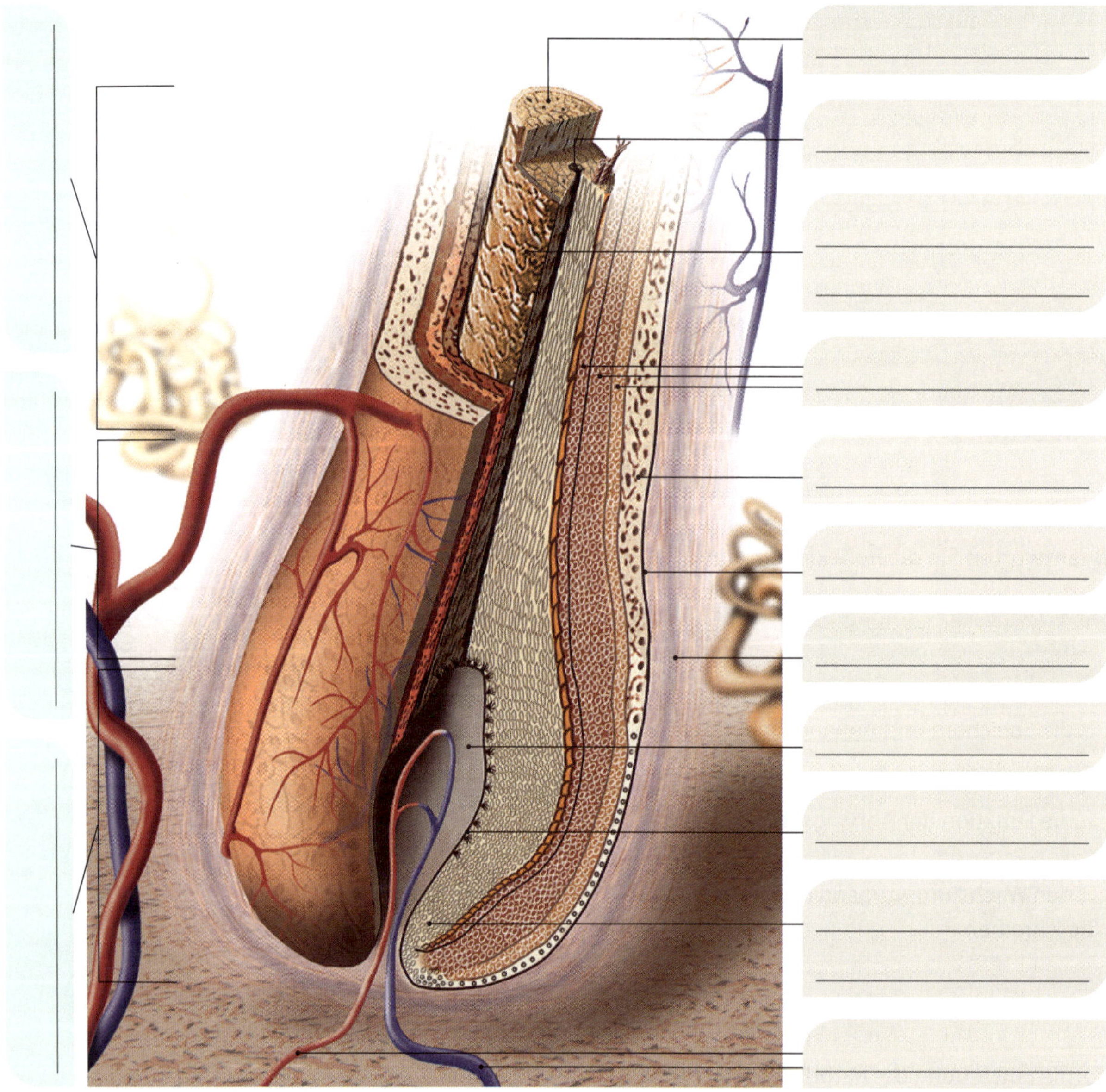

Die schlauchartige Hautvertiefung, aus der das Haar wächst, wird als ____________________

bezeichnet. Sie ist im Aufbau vergleichbar mit der ____________________.

- Ordnen Sie die Textbausteine mithilfe Ihres Fachbuches in die richtige Reihenfolge und beschreiben Sie damit den Verlauf des Haarwachstums:

Am unteren Ende ist die Haarwurzel zur sogenannten Haarzwiebel verdickt.

In der Nähe der Mutterschicht sind die Keratinozyten meist noch weich. Die Verhornung beginnt erst im zweiten Drittel der Haarwurzel.

Die Zellen, die die Haarpapille umgeben, werden als Matrix (Mutterschicht) bezeichnet.

Die Haarpapille (Einstülpung an der Haarzwiebel) ist durchzogen mit kleinen Blutgefäßen (Kapillaren) und ragt in die Haarwurzel hinein.

Mit der Zeit verhornen diese Zellen und bilden verhorntes Eiweiß (Keratin), aus dem unser Haar besteht.

Beim Austritt des Haares aus der Kopfhaut ist der Verhornungsprozess in der Regel abgeschlossen.

Im Bereich der Matrix entstehen durch Zellteilung ständig neue Zellen (Keratinozyten), die nach oben geschoben werden und das Haar ausformen.

1. Am unteren Ende ist die Haarwurzel zur sogenannten Haarzwiebel verdickt.
2. ______________________________

- Vervollständigen Sie die folgenden „Ich“-Aussagen des Haares:

Ich als normales Kopfhaar wachse im Monat ______________ cm.

Ich bin die Haarpapille und versorge durch meine Blutgefäße die ______________________________.

Ich bin die Mutterschicht und ______________________________.

Ich bin die Zelle, aus der das verhornte Eiweiß entsteht, ich bin ein ______________________.

Lernstep 2

Die natürliche Haarfarbe

Aufgaben:

- Lesen Sie den Text genau.
- Markieren Sie:
  - die Informationen zur Einlagerung der Pigmente (Farbstoffe) grün
  - die beiden Pigmentarten pink
  - das Aussehen der Pigmente blau
  - die Beschreibung der Fachbegriffe „Farbtiefe" und „Farbrichtung" orange

Die Entstehung der natürlichen Haarfarbe

Menschen haben verschiedene Haarfarben: Von grau meliert über verschiedene Blondtöne, von Rot bis Schwarz. Doch wie entstehen sie?

Betrachten wir einmal einzelne Haare eines Haarschopfes in einem Lichtmikroskop (Abb. 1), werden wir feststellen, dass **jedes Haar eine gering unterschiedliche, homogene (fast einheitliche) Farbstellung** in braunen und blonden Tönen aufweist. Dennoch erscheint der gesamte Haarschopf mittelblond oder kastanienbraun. Erst im Querschnitt eines Haarbündels (Abb. 2) **wird die ganze Fülle und Vielfalt der natürlichen Haarfarbe deutlich**. Ein natürliches Haar ist nicht durchgefärbt. Die Naturhaarfarbe verteilt sich in der äußeren Hälfte des Faserstamms. Die Schuppenschicht hingegen ist ein farbloser Ring.

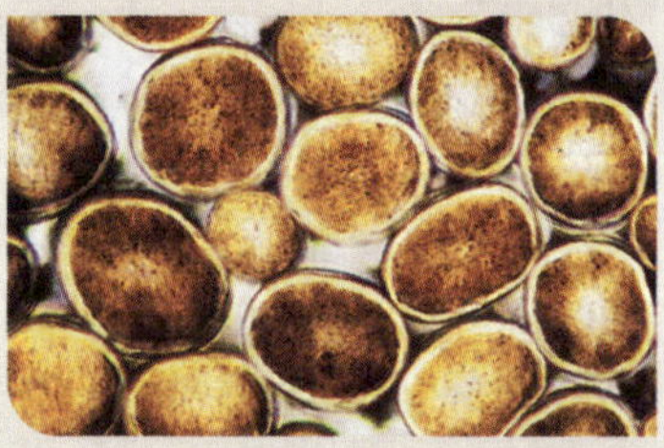

Verantwortlich dafür ist das Haarwachstum in den Keratinozyten der Haarwurzel. Neben den Keratinozyten befinden sich die Melanozyten. **Melanozyten** sind Zellen, die Pigmente bilden.

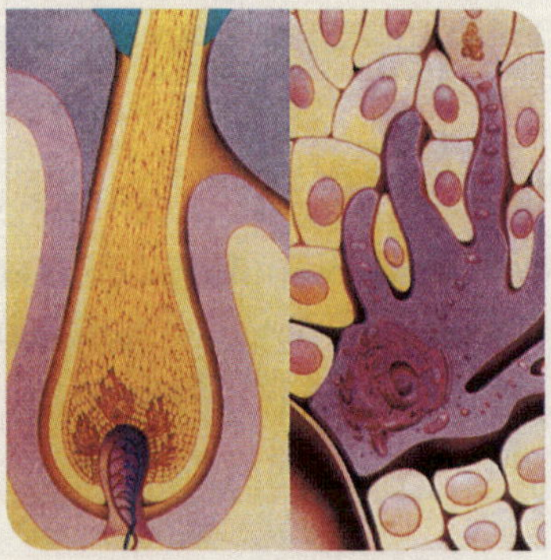

Im Inneren der Melanozyten reifen langsam Pigmentkörner, die **Melanine**, heran. Die Melanine werden schließlich über die **Zellen-Tentakel** (Abb. 3) in die benachbarten Keratinozyten abgegeben. Die angefärbten Keratinozyten transportieren so das Melanin in das verhornte Haar.

Setzt die Produktion des Melanins aus, **bleibt ein Haar unpigmentiert. Ein weißes Haar entsteht** (Abb. 4). Mischen sich weiße, unpigmentierte Haare mit pigmentierten Haaren, dann sieht das Haar grau aus. In den Melanozyten selbst wird kein graues Pigment gebildet.

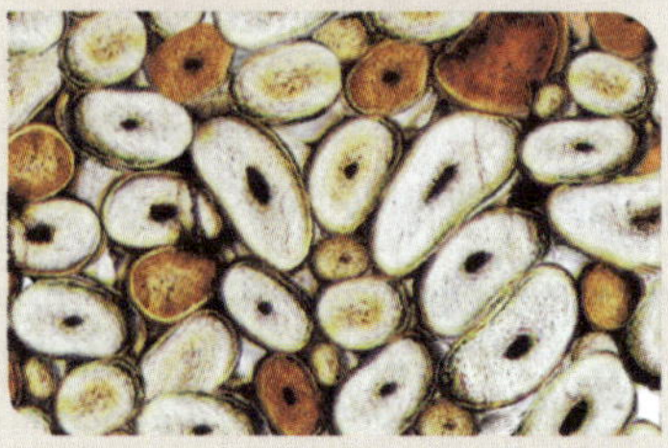

Es gibt zwei Arten von Melanin:

- Das **braun-schwarze, große Pigment (Eumelanin)**
- Das **gelb-rote, kleine Pigment (Phäomelanin)**

LERNSTEP 2

Je mehr Melanin in einem Haar eingelagert ist, **umso dunkler** erscheint es. **Die Menge der Pigmente (die Summe aus Eumelanin und Phäomelanin)** bestimmt **die Farbtiefe (hellblond bis schwarz).** Ein tiefschwarzes Haar zum Beispiel besitzt mehr Melanine als ein dunkelbraunes Haar. **Die Farbrichtung** hängt von dem **Mischungsverhältnis beider Pigmente ab.** So hat ein rötlich schimmerndes Haar deutlich mehr Phäomelanin als ein aschiges Haar der gleichen Farbtiefe. Die Gesamtzahl der Melanine ist jedoch gleich.

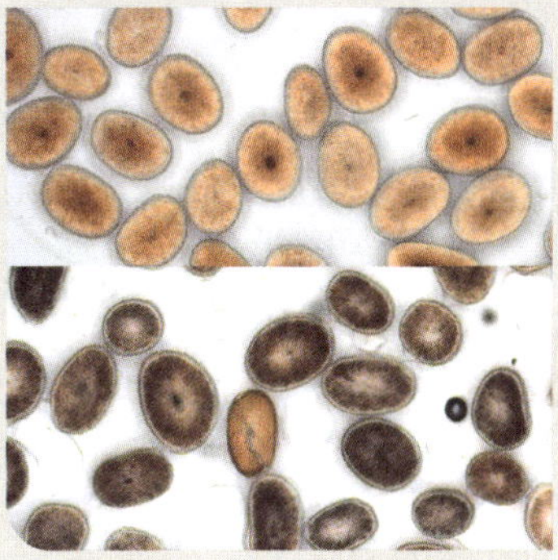

Aufgaben:

- Beschriften Sie die Zeichnung der Haarzwiebel mit den Begriffen:
  Melanozyten, Keratinozyten, Fortsätze, Haarpapille mit Kapillaren, Haarmatrix
- Beschreiben Sie den Vorgang, wie der Farbstoff des Haares in das Haar gelangt:

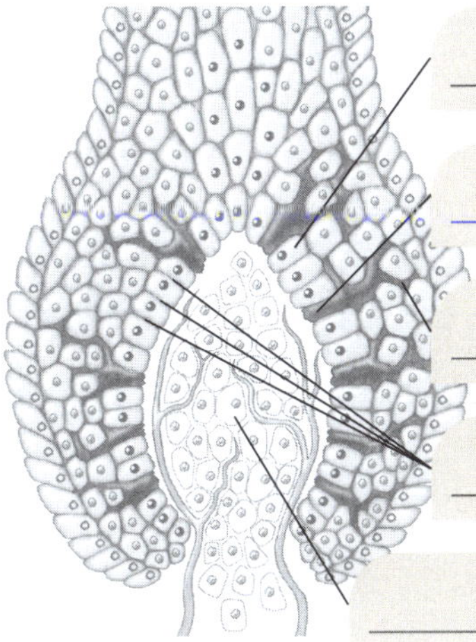

- Geben Sie den Namen der beiden Pigmente im Haar an:

- Unterscheiden Sie die Pigmente in ihrem „Aussehen“:

Eumelanin =

Phäomelanin =

- Beschreiben Sie in eigenen Worten die Begriffe Farbrichtung und Farbtiefe:

Die Farbtiefe

Die Farbrichtung

- Wieso erscheint uns ein Haar grau? Welche Farbe haben die Haare?

Das Haar erscheint uns grau, weil

LERNSTEP 2

Aufgabe:

- Ordnen Sie die ungefähre Pigmentverteilung den folgenden „natürlichen" Haarfarben zu.
  - Eumelanin ●
  - Phäomelanin ●

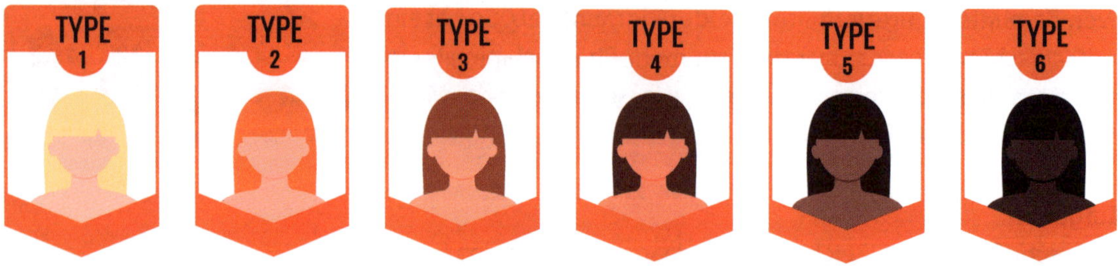

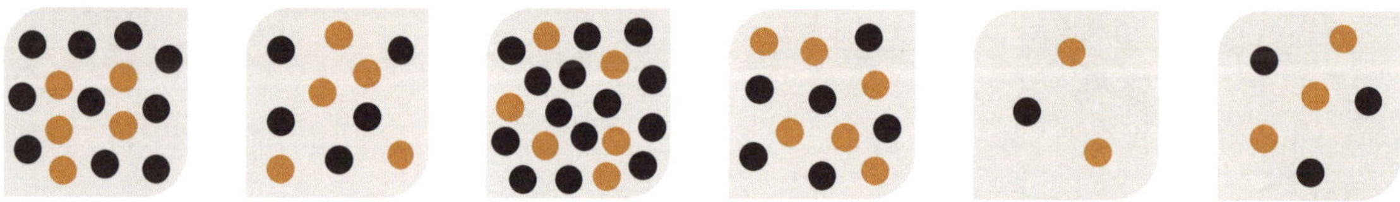

- Geben Sie eine ungefähre Verteilung der beiden Pigmente bei folgenden Haarfarben an.

Lernsituation

2 Den Aufbau und das Erscheinungsbild der Kopfhaut beschreiben

2.3 Erscheinungsbilder der Kopfhaut erkennen

LERNSZENARIO:

Anja kämmt gerade die Haare von Herr Kern. Plötzlich sagt der Kunde:

12:00 Uhr
Herr Kern
Beratung, Schneiden, Föhnen

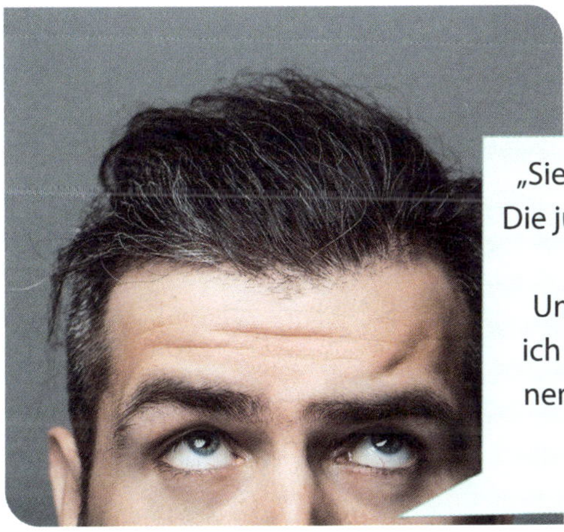

„Siehst du die kleinen Schüppchen auf meiner Kopfhaut? Die jucken so fürchterlich. Und die Kopfhaut spannt. Das ist richtig unangenehm. Was könnte das sein? Und was noch hinzukommt; ... Vor ein paar Tagen habe ich jetzt auch noch so eine bräunliche Erhebung an meinem Hals entdeckt. Die juckt auch ... Vielleicht kannst du mir ja auch da weiterhelfen?"

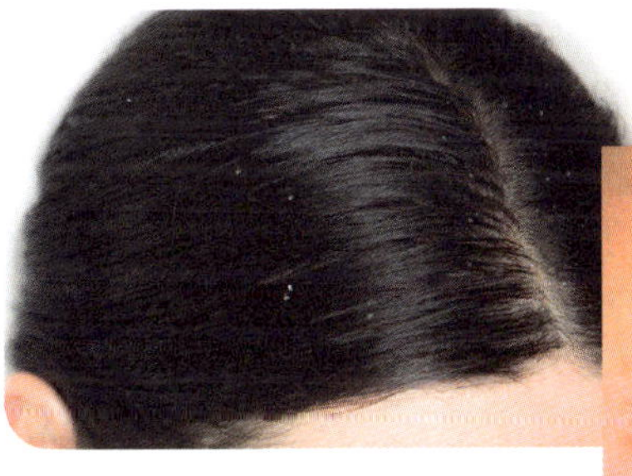

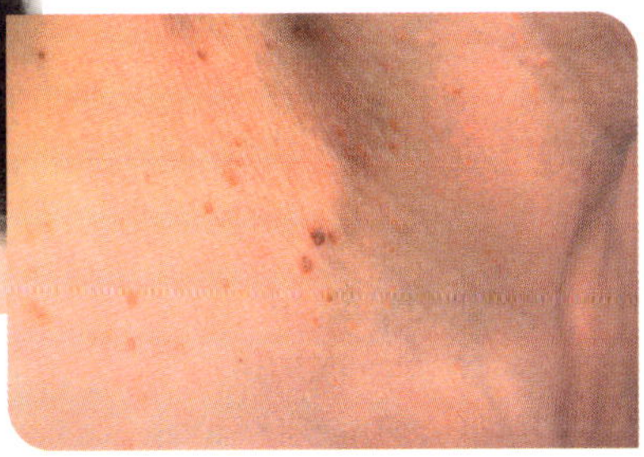

Kopfhautzustände bestimmen

ICH KANN:

... die Hautzustände der Kopfhaut erkennen und voneinander unterscheiden.

... unterschiedliche Kopfhautveränderungen erkennen.

... unterschiedliche Kopfhauterkrankungen erkennen.

LERNJOB

Vorwissen aktivieren

- Überlegen Sie kurz, ob Sie ähnliche Kundenaussagen bereits in Ihrem Salonalltag erlebt haben?
- Welche Hautveränderungen kennen Sie oder haben Sie selbst schon einmal gesehen?
- Erstellen Sie einen Wort-Igel über die Hautveränderungen, die Sie schon einmal gehört, gesehen oder kennengelernt haben:

Informieren

- Suchen Sie sich eine Arbeitspartnerin/einen Arbeitspartner.
- Bearbeiten Sie gemeinsam im Austausch die untenstehenden Lernsteps und informieren Sie sich über die unterschiedlichen Kopfhautzustände und -erkrankungen.

Methode: ____________________

Die Methodenkarte finden Sie im Digital Plus Material. DIGITAL+

- Markieren Sie die einzelnen Lernsteps in der Tabelle nach dem Bearbeiten als erledigt und bewerten Sie den Schwierigkeitsgrad.

Name des Lernsteps	erledigt √	🙂	😐	🙁
Die unterschiedlichen Kopfhautzustände				
Kopfhautveränderungen und Kopfhauterkrankungen				

Planen, Entscheiden, Durchführen

- Lesen Sie nun in Einzelarbeit die untenstehenden Fallbeispiele.
- Überlegen Sie, um welchen Sekretionstyp es sich in den Fallbeispielen handelt oder welche Kopfhautveränderung/-erkrankungen vorliegen (Mehrfachnennungen möglich)

Frau Schmidt:

„Mein Ansatz glänzt immer so unschön und meine Kopfhaut juckt fürchterlich! Ich habe mittlerweile auch schon hinten im Nacken keine Haare mehr, die sind alle abgebrochen und da sind ganz komische Schuppen an dieser Stelle."

____

____

Herr Winter:

„Ich habe seit einigen Wochen richtig viele Schuppen auf der Kopfhaut und an manchen Stellen ist diese richtig rot. Das Brennen ist richtig unangenehm. Die Schuppen gehen mittlerweile schon auf den Rücken über – meine ganze Haut ist betroffen."

____

____

Susi:

„Bei mir ist es gerade ganz komisch, meine Haare sind am Ansatz total fettig und schuppig, aber meine Längen und Spitzen sehen so kaputt aus. In meinem Gesicht ist es auch so. An der Stirn glänzt meine Haut, aber meine Wangen sind schuppig.

Jetzt habe ich sogar noch an meiner Hand so grau-gelbe Knubbel bekommen – die sehen richtig dick und geriffelt aus."

____

Frau Kaiser:

„Seit ein paar Wochen spannt meine Kopfhaut und ich habe so kleine hässliche Schüppchen am Ansatz. Meine Haare glänzen auch gar nicht mehr.

Ich habe sogar letztens so einen runden Knubbel auf der Kopfhaut gefühlt, hinter meinem Ohr, der war ganz glatt und dick."

____

____

Pia:

„Ich habe seit ein paar Tagen so ein fürchterliches Kopfjucken hinter meinen Ohren und im Nacken. Ich habe auch so kleine graue Körnchen in meinem Haar entdeckt. Ich kann mich im Kindergarten durch das ganze Kratzen gar nicht mehr auf die Kleinen konzentrieren."

____

____

LERNJOB

Kontrollieren

- Überlegen Sie nun, welche Hautprobleme Herr Kern hat. Notieren Sie diese.

Evaluieren und Zusammenfassen

- Anjas Chef möchte am Ende wissen, welche neuen Erkenntnisse Anja gewonnen hat. Machen Sie sich Notizen zum Fachgespräch mit Anjas Chef.
- Folgende Begriffe müssen enthalten sein:
  Sekretionstypen, trockene Haut (Sebostase)/fettige Haut (Seborrhoe oleosa)/Mischhaut (Seborrhoe sicca), Hautveränderungen/-krankheiten, Schuppen, Schuppenflechte, Pilzflechte, Grützbeutel, Blutschwamm, Warzen, Kopfläuse
- Lesen Sie Ihr Ergebnis vor:

„Ich habe gehört, dass du dich mit Herrn Kern über die verschiedenen Kopfhautzustände und Hautveränderungen unterhalten hast. Erkläre mir bitte, welche Kopfhautzustände es gibt und woran du sie erkennst. Beschreibe mir außerdem, welche Kopfhautveränderungen du kennst."

Beantworten Sie die Reflexionsfragen:

Ich kann:	🙂	🙁
... die Hautzustände der Kopfhaut erkennen und voneinander unterscheiden.		
... unterschiedliche Kopfhautveränderungen erkennen.		
... unterschiedliche Kopfhauterkrankungen erkennen.		

BONUS: Digitale Alternative

- Bilden Sie Dreiergruppen.
- Überlegen Sie sich zwei bis drei Fragen zur Lernaufgabe und vier Antwortmöglichkeiten.
- Erstellen Sie mit Hilfe Ihrer Lehrkraft ein Quiz zu den eingereichten Fragen, z. B. mit der App Kahoot. Alternativ kann die Lehrkraft das Quiz erstellen.
- Spielen Sie gemeinsam in der Klassengemeinschaft das selbsterstellte Online-Quiz auf der folgenden Webseite: https://kahoot.it

Welche Merkmale hat alternde Haut?

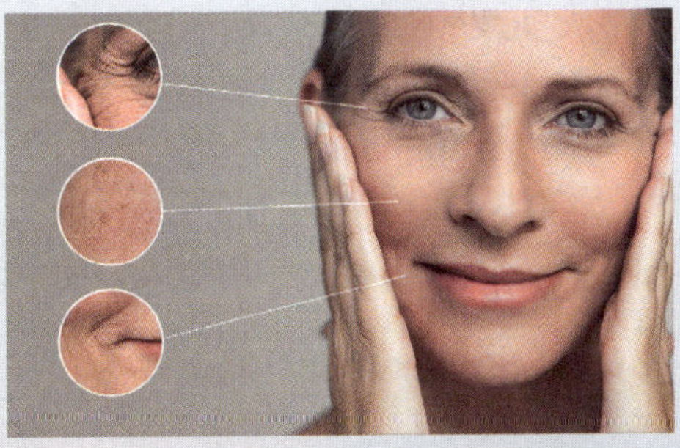

- ▲ Falten
- ◆ Akne
- ● Pigmentflecken
- ■ Fettglanz

Lernstep 1

Die unterschiedlichen Kopfhautzustände

Aufgaben:

- Lesen Sie die Informationen zu den verschiedenen Sekretionstypen. Brauchen Sie Hilfe, nutzen Sie die entsprechenden Seiten Ihres Fachbuches.
- Markieren Sie die Merkmale der Kopfhauttypen. Kreuzen Sie die Merkmale in den Tabellen an.
- Benennen Sie den entsprechenden Sekretionstyp.

Bei dem folgenden Sekretionstyp sehen die gesamten Haare (Ansatz, Längen und Spitzen) glanzlos und stumpf aus. Die Kopfhaut ist sehr empfindlich gegenüber Berührungen und die Kundinnen bzw. Kunden klagen über ein unangenehmes Spannungsgefühl. Ebenso zeigen sich am Ansatz kleine trockene Hautschüppchen, die sich nicht zwischen den Fingern zerreiben lassen.

Die Gesichtshaut der Kundinnen bzw. Kunden mit diesem Sekretionstyp ist sehr fein, wirkt aber ebenfalls sehr fahl und glanzlos. Meist sieht die Haut sehr spröde und strapaziert aus. Es zeigen sich schnell raue Stellen in Form von kleinen Schüppchen, sowie Rötungen nach mechanischen Reizen.

Haarbeurteilung:

Ansatz:

- ◯ glanzlos
- ◯ stumpf
- ◯ ölig/glänzend
- ◯ strähnig

Längen und Spitzen:

- ◯ glanzlos
- ◯ stumpf/spröde
- ◯ ölig/glänzend
- ◯ strähnig

Kopfhautbeurteilung:

- ◯ zerreibbare, große Schuppen
- ◯ nicht zerreibbare, kleine Schuppen
- ◯ glänzend
- ◯ glanzlos
- ◯ empfindlich
- ◯ Spannungsgefühl

Sekretionstyp: ____________________

(Gesichts-)Hautbeurteilung:

- ◯ fein
- ◯ grob
- ◯ fahl und glanzlos
- ◯ glänzend
- ◯ kleine Schüppchen
- ◯ spröde
- ◯ Rötungen
- ◯ Unreinheiten
- ◯ Mitesser
- ◯ große Poren
- ◯ Spannungsgefühl

Bei dem folgenden Sekretionstyp sehen die gesamten Haare sehr ölig und glänzend aus. Dadurch erscheinen die Haare strähnig. Auch die Kopfhaut glänzt und erscheint ölig.

Die Gesichtshaut dieses Sekretionstyps zeigt vermehrt Unreinheiten (Pickel u. ä.) und ist an Stirn, Nase und Kinn sehr glänzend. Weiterhin zeigen sich vermehrt große Mitesser auf der Gesichtshaut, vor allem auf der Nase. Ebenso ist die Gesichtshaut im Gesamten sehr grob und weist große Poren auf.

Haarbeurteilung:

Ansatz:
- ◯ glanzlos
- ◯ stumpf
- ◯ ölig/glänzend
- ◯ strähnig

Längen und Spitzen:
- ◯ glanzlos
- ◯ stumpf/spröde
- ◯ ölig/glänzend
- ◯ strähnig

Kopfhautbeurteilung:
- ◯ zerreibbare, große Schuppen
- ◯ nicht zerreibbare, kleine Schuppen
- ◯ glänzend
- ◯ glanzlos
- ◯ empfindlich
- ◯ Spannungsgefühl

Sekretionstyp:

____

(Gesichts-)Hautbeurteilung:
- ◯ fein
- ◯ grob
- ◯ fahl und glanzlos
- ◯ glänzend
- ◯ kleine Schüppchen
- ◯ spröde
- ◯ Rötungen
- ◯ Unreinheiten
- ◯ Mitesser
- ◯ große Poren
- ◯ Spannungsgefühl

Bei dem folgenden Sekretionstyp sehen die Haare am Ansatz sehr glänzend aus, wohingegen die Längen und Spitzen meist eher spröde und glanzlos wirken. Die Kopfhaut zeigt ebenfalls einen öligen, glänzenden Zustand. Weiterhin befinden sich auf der Kopfhaut oft große leicht zerreibbare Talgschuppen.

Die Gesichtshaut zeigt ebenfalls gegensätzliche Merkmale auf. Meist ist diese an der Stirn, der Nase und dem Kinn sehr glänzend und zeigt große Poren. An der Stirn, der Nase und dem Kinn sind häufig Unreinheiten und Mitesser. Die Wangen und Seitenpartien der Gesichtshaut hingegen wirken eher feinporig und zeigen an manchen Stellen Rötungen. Die Haut reagiert häufig mit einem unangenehmen Spannungsgefühl.

Haarbeurteilung:

Ansatz:
- ◯ glanzlos
- ◯ stumpf
- ◯ ölig/glänzend
- ◯ strähnig

Längen und Spitzen:
- ◯ glanzlos
- ◯ stumpf/spröde
- ◯ ölig/glänzend
- ◯ strähnig

Kopfhautbeurteilung:
- ◯ zerreibbare, große Schuppen
- ◯ nicht zerreibbare, kleine Schuppen
- ◯ glänzend
- ◯ glanzlos
- ◯ empfindlich
- ◯ Spannungsgefühl

Sekretionstyp:

____

(Gesichts-)Hautbeurteilung:
- ◯ fein
- ◯ grob
- ◯ fahl und glanzlos
- ◯ glänzend
- ◯ kleine Schüppchen
- ◯ spröde
- ◯ Rötungen
- ◯ Unreinheiten
- ◯ Mitesser
- ◯ große Poren
- ◯ Spannungsgefühl

Bei dem folgenden Sekretionstyp haben die Haare einen natürlichen Glanz. Sie sind weder fettig noch trocken. Die Kopfhaut ist wenig empfindlich gegenüber äußeren Einflüssen. Die Gesichtshaut zeigt ebenfalls einen natürlichen Glanz und ist ebenmäßig mit feinen Poren. Die Haut kann ihren Feuchtigkeitsgehalt selbst regulieren und hat eine ausgeglichene Talgproduktion.

Haarbeurteilung:

Ansatz:
- ◯ glanzlos
- ◯ stumpf
- ◯ natürlich/glänzend
- ◯ strähnig

Längen und Spitzen:
- ◯ glanzlos
- ◯ stumpf/spröde
- ◯ natürlich/glänzend
- ◯ strähnig

Kopfhautbeurteilung:
- ◯ zerreibbare, große Schuppen
- ◯ nicht zerreibbare kleine Schuppen
- ◯ glänzend
- ◯ glanzlos
- ◯ empfindlich
- ◯ Spannungsgefühl

Sekretionstyp: ____________________

(Gesichts-)Hautbeurteilung:
- ◯ fein
- ◯ grob
- ◯ fahl und glanzlos
- ◯ natürlich/glänzend
- ◯ kleine Schüppchen
- ◯ spröde
- ◯ Rötungen
- ◯ Unreinheiten
- ◯ Mitesser
- ◯ große Poren
- ◯ Spannungsgefühl

Praxisaufgaben

- Bestimmen Sie den Kopfhautzustand und die Gesichtshaut Ihres Sitznachbarn bzw. Ihrer Sitznachbarin.
- Notieren Sie sich die Merkmale, die zu Ihrer Entscheidung beitragen:

Haarbeurteilung:

Ansatz:
- ◯ glanzlos
- ◯ stumpf
- ◯ ölig/glänzend
- ◯ strähnig

Längen und Spitzen:
- ◯ glanzlos
- ◯ stumpf/spröde
- ◯ ölig/glänzend
- ◯ strähnig

Kopfhautbeurteilung:
- ◯ zerreibbare, große Schuppen
- ◯ nicht zerreibbare kleine Schuppen
- ◯ glänzend
- ◯ glanzlos
- ◯ empfindlich
- ◯ Spannungsgefühl

Sekretionstyp: ____________________

(Gesichts-)Hautbeurteilung:
- ◯ fein
- ◯ grob
- ◯ fahl und glanzlos
- ◯ glänzend
- ◯ kleine Schüppchen
- ◯ spröde
- ◯ Rötungen
- ◯ Unreinheiten
- ◯ Mitesser
- ◯ große Poren
- ◯ Spannungsgefühl

____

____

____

Lernstep 2

Kopfhautveränderungen und Kopfhauterkrankungen

Aufgaben:

- Erstellen Sie mithilfe Ihres Fachbuches Lernkarten zu den folgenden Hautveränderungen und Hauterkrankungen.
- Ordnen Sie das entsprechende Bild der Hautveränderung/-krankheit zu. Tragen Sie die entsprechende Nummer des Bildes in das leere Kästchen ein.
- Notieren Sie eine kurze Beschreibung des Aussehens und die Behandlungsmaßnahmen für die Friseurin bzw. den Friseur.

Grützbeutel ☐

Blutschwamm ☐

Blutschwämme sind gutartige Wucherungen der Blutgefäße. Sie weisen eine blaurote Färbung auf und können flach in der Haut liegen oder erhaben sein.

Die Friseurin bzw. der Friseur muss vorsichtig arbeiten, um Verletzungen und Infektionen zu vermeiden.

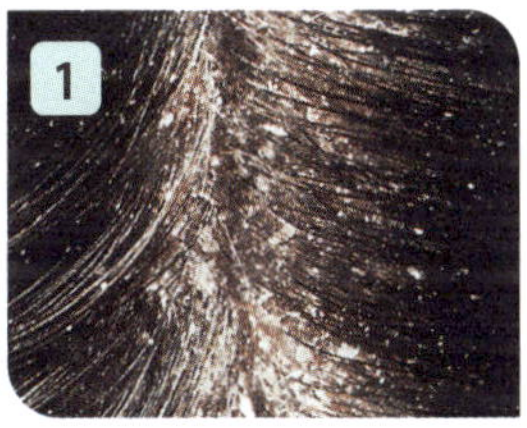

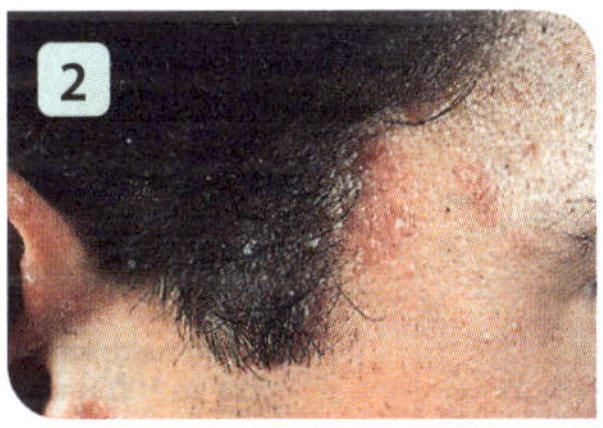

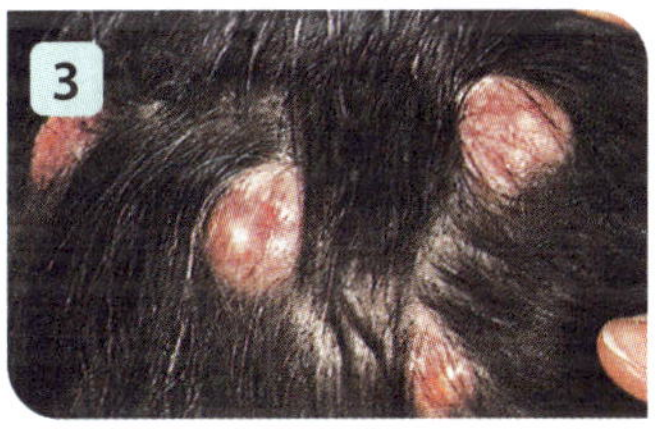

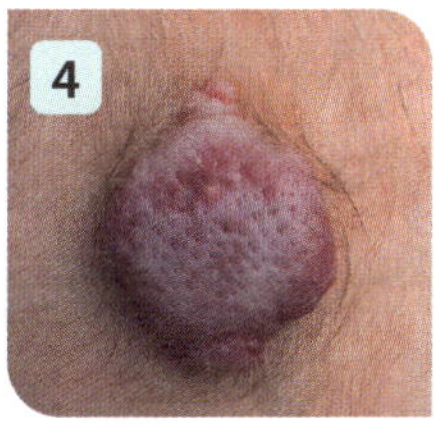

Schuppenflechte (Psoriasis) ☐

Kopfschuppen ☐

Warzen

Entzündliche Hautveränderungen

Hautentzündungen zeigen sich als Gerötete Schwellungen auf der Haut. Der Hauttalg ist ein idealer Nährboden für Bakterien und Pilze.

Vorsichtiger Umgang durch die Friseurin bzw. durch den Friseur, da es zu Verletzungen kommen kann.

1
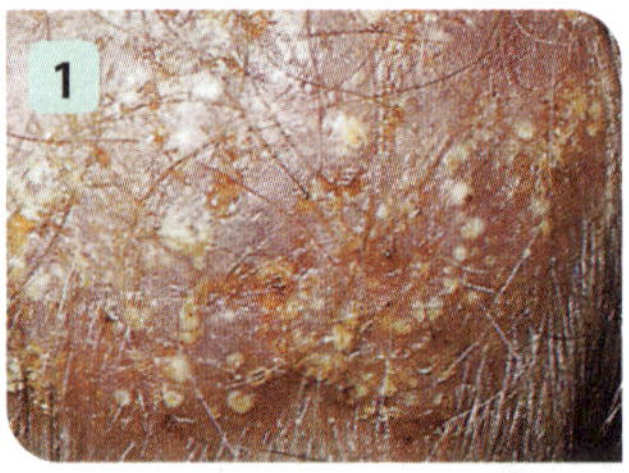

2
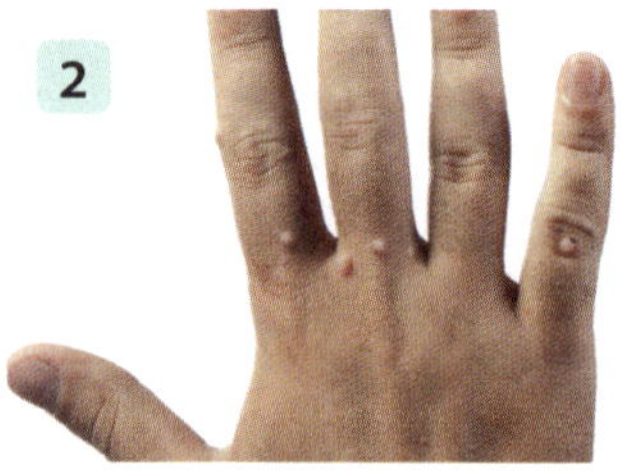

3
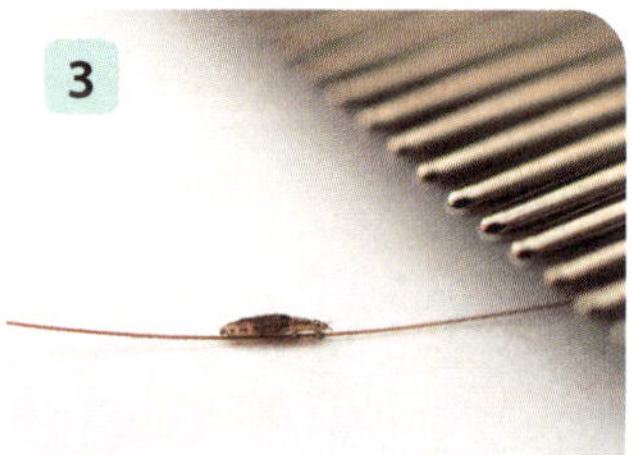

4
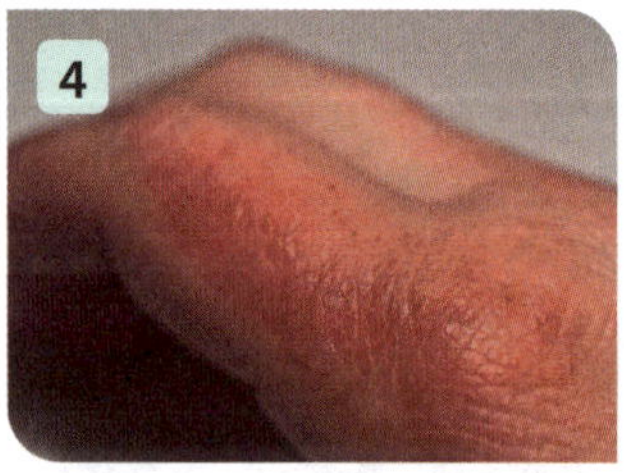

5
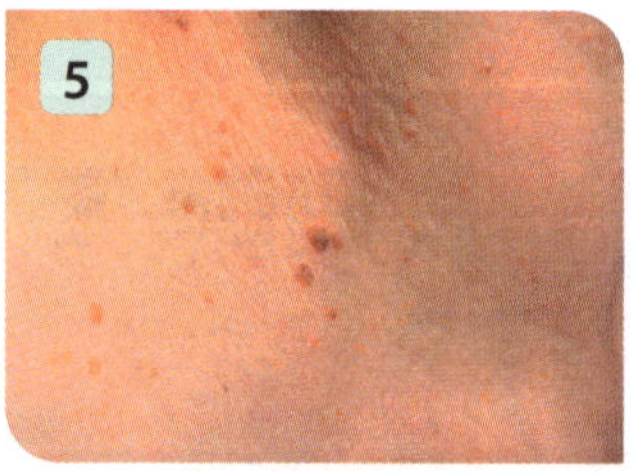

Pilzflechte

Kopfläuse

Lernsituation

3 Haarreinigungs- und Pflegeprodukte gezielt einsetzen

3.1 Tenside und reinigende Produkte unterscheiden

LERNSZENARIO:

Der Salon Haarscharf hat seit der Corona-Schließung seinen Internetauftritt erweitert. Anja ist Expertin für neue Medien. Dieser Meinung ist zumindest ihr Chef.

Sie soll heute die Webseite zu den im Salon benutzten Reinigungsprodukten gestalten und die Anfragen der Kundschaft zur Online-Beratung bearbeiten.

Anja fragt sich, welche Informationen wichtig sind, welche Shampoos sie einbindet und wie sie die Anfragen der Kundschaft bearbeiten soll.

15:45 Uhr
Webseite, Online-Beratung

Tenside und reinigende Produkte unterscheiden

ICH KANN:

... den Aufbau und die Eigenschaften von Wasser beschreiben.

... die Eigenschaften und Wirkungsweisen von Tensiden erklären.

... Tenside voneinander unterscheiden.

... Inhaltsstoffe eines Shampoos unterschiedlichen Kategorien zuordnen.

... Shampooarten unterscheiden.

LERNJOB

Vorwissen aktivieren

Lesen Sie die Aussage in der untenstehenden Wolke und überlegen Sie, ob Sie dieser Aussage zustimmen oder nicht.

- Ergänzen Sie Ihre Ideen am Wort-Igel.
- Tauschen Sie sich mit Ihren Mitlernenden in der Klasse aus.

Informieren

- Informieren Sie sich mithilfe der untenstehenden Lernsteps über Tenside und reinigende Produkte im Friseuralltag.
- Markieren Sie die einzelnen Lernsteps in der Tabelle nach dem Bearbeiten als erledigt und bewerten Sie den Schwierigkeitsgrad.

Methode: ______________________

Die Methodenkarte finden Sie im Digital Plus Material. DIGITAL+

Name des Lernsteps	erledigt ✓			
Wasser – Aufbau und Eigenschaften				
Tenside – Wirkung und Unterschiede				
Shampoos – Inhaltsstoffe				
Shampoos – Inhaltsstoffe und Shampooarten				

Planen, Entscheiden, Durchführen

- Wie kann Anjas Internetseite aussehen? Was soll alles auf der Seite stehen?
- Planen und erstellen Sie Ihre eigene Internetseite über „Shampoos" oder nutzen Sie die Vorlage.
- Entscheiden Sie sich dabei für 6 Shampoos Ihres Salons und erstellen Sie einen kurzen Steckbrief zu den Shampoos. Geben Sie die wichtigsten Anwendungsbereiche und Wirkungsweisen an.
- Binden Sie diese 6 Shampoos in Ihre Internetseite ein.

Digitale Alternative:
Erstellen Sie Ihre Internetseite digital z. B. mit Canva.

LERNJOB

LERNJOB

Kontrollieren

- Stellen Sie sich gegenseitig Ihre Internetseite über Shampoos vor (z. B. in Form eines Galleriegangs).

Digitale Alternative:
Austausch und kommentieren mittels TaskCards

- Nachdem Anja die Internet-Seite erstellt hat, möchte sie gern im Chat die Fragen der Kundschaft beantworten.
- Sie überlegt, was sie der Kundschaft schreiben kann. Dabei notiert sie sich schon mal ihre Ideen.
- Helfen Sie Anja bei der Beantwortung der Fragen. Geben Sie bei Ihrer Antwort jeweils eine Empfehlung für ein Shampoo an. Notieren Sie die Tenside, die im Shampoo enthalten sind und die entsprechenden Wirkstoffe.

Frau Maier
„Wenn ich meine Haare mit dem Shampoo von meinem Mann wasche, dann sind diese tagelang richtig spröde und meine Kopfhaut spannt ganz fürchterlich."

Ina Richter
„Bei mir hält keine Frisur. Eine Stunde nachdem ich mir die Haare geföhnt habe, fallen sie wieder zusammen. Die Haare fallen richtig schwer nach unten."

Mama von Max
„Max will keine Haare mehr waschen. Er sagt, zu Hause brennt das immer so in den Augen!"

Toni Schulz
„Seit ich das eine Shampoo von euch habe, juckt meine Kopfhaut nicht mehr. Jetzt habe ich aber vergessen, mir den Namen aufzuschreiben ...

Melissa
„Wenn ich meine Haare gewaschen habe, gehe ich mehrmals mit dem Kamm durch. Danach stehen meine Haare total ab. So, als wären sie elektrisch aufgeladen. Gibt es ein gutes Shampoo für die Haarwäsche?"

Evaluieren und Zusammenfassen

Auch Anjas Chef möchte am Ende wissen, welche neuen Erkenntnisse Anja gewonnen hat.

- Machen Sie sich Notizen zum Fachgespräch mit Anjas Chef.
- Folgende Begriffe müssen enthalten sein: Tenside, Oberflächenspannung, Emulgator, waschaktive Substanzen (WAS), hydrophil, lipophil, kationische, anionische, nichtionische, amphotere Tenside, INCI, Wirkstoffe
- Lesen Sie auch hier Ihr Ergebnis vor:

Beantworten Sie die Reflexionsfragen:

Ich kann:	🙂	🙁
... den Aufbau und die Eigenschaften von Wasser beschreiben.		
... die Eigenschaften und Wirkungsweise von Tensiden erklären.		
... Tenside voneinander unterscheiden.		
... Inhaltsstoffe eines Shampoos unterschiedlichen Kategorien zuordnen.		
... Shampooarten aufgrund ihrer Inhaltsstoffe voneinander unterscheiden.		

Lernstep 1

Wasser – Aufbau und Eigenschaften

Aufgaben:

Sie benötigen aus einem Molekülbaukasten oder aus Knete und Strohhalmen:

Eine rote „Kugel" – diese stellt das Sauerstoffatom dar (O).

Zwei weiße „Kugeln" – diese stellen die Wasserstoffatome dar (H).

Zwei graue „Stäbchen" – diese stellen die Verbindungen dar.

- Setzen Sie nun die einzelnen Teile des Bausatzes zusammen und erstellen Sie ein Wassermolekül (H_2O).
- Zeichnen Sie das Wassermolekül ab.
- Korrigieren Sie den Text mit Hilfe Ihres Fachbuchs. Streichen Sie die falschen Aussagen durch.

Ein Wassermolekül setzt sich aus zwei positiv/negativ geladenen Wasserstoffatomen (H) und einem negativ/positiv geladenen Sauerstoffatom (O) zusammen. Diese Atome sind linear (gerade)/in einem Winkel angeordnet, weshalb das Wassermolekül als Nordpol/Dipol bezeichnet wird.

Da alle Wassermoleküle Dipole/Südpole sind, ziehen sie sich gegenseitig an/stoßen sich gegenseitig ab wie ein Magnet. Das negativ/positiv geladene Sauerstoffatom zieht zu den negativ/positiv geladenen Wasserstoffatomen anderer Wassermoleküle. Es entstehen sogenannte Wasserstoffbrückenbindungen.

- Geben Sie einen kleinen Tropfen Wasser auf Ihre Fingerspitze und halten Sie den Finger ganz ruhig. Was können Sie beobachten? Welche Form hat das Wasser? Finden Sie eine Begründung für dieses Phänomen!

- **Bonusaufgabe für clevere Köpfchen:**
  Erstellen Sie aus dem Wassermolekül ein Wasserstoffperoxidmolekül (H_2O_2).
  Welche chemische Struktur ergibt sich hier, da ein Sauerstoffatom mehr enthalten ist? Zeichnen Sie das Molekül in das nebenstehende Kästchen ein.

LERNSTEP 1

- Füllen Sie nun einen Becher mit Wasser (fast voll). Legen Sie vorsichtig eine Büroklammer auf die Wasseroberfläche.
- Was können Sie beobachten? Finden Sie eine Begründung für dieses Phänomen!

- Nehmen Sie die Büroklammer wieder aus dem Wasser und geben Sie 3–4 Tropfen Shampoo in das Wasser. Rühren Sie die Lösung gut um, so dass das Shampoo komplett verteilt ist.
- Versuchen Sie erneut, die Büroklammer vorsichtig auf die Oberfläche des Wassers zu legen. Was können Sie nun beobachten?

- Finden Sie eine Erklärung für das Beobachtete:

Lernstep 2

Tenside – Wirkung und Unterschiede

Versuch 1:

Sie benötigen:
- zwei Reagenzgläser
- eine Spatelspitze Kohle
- Öl
- Wasser und Shampoo

1. Geben Sie in beide Reagenzgläser eine Spatelspitze Kohle (**Wichtig:** Nur eine Spatelspitze!).
2. Füllen Sie die Reagenzgläser bis zur Hälfte mit Wasser.
3. Füllen Sie in eines der Reagenzgläser 2–3 Tropfen Shampoo (Tensid).
4. Schütteln Sie beide Reagenzgläser vorsichtig ein paar Mal und beobachten Sie, was in den ersten 30 Sekunden passiert.

- Notieren Sie Ihre Beobachtungen:

(Spülen Sie die Reagenzgläser für den nächsten Versuch)

Versuch 2:

1. Füllen Sie beide Reagenzgläser bis zur Hälfte mit Wasser und geben Sie ein paar Tropfen Öl dazu.
2. Füllen Sie in eines der Reagenzgläser ein paar Tropfen Shampoo.
3. Schütteln Sie beide Reagenzgläser sehr stark und beobachten Sie, was passiert.

- Notieren Sie Ihre Beobachtungen:

Erklären Sie die Beobachtungen aus beiden Versuchen. Nehmen Sie Ihr Fachbuch zur Hilfe:

- Welcher Inhaltsstoff ist für die beobachteten Phänomene (S. 85) verantwortlich? ______________
- Warum ist dieser Inhaltsstoff für den Waschvorgang besonders wichtig? Ordnen Sie den Text den Bildern zu.

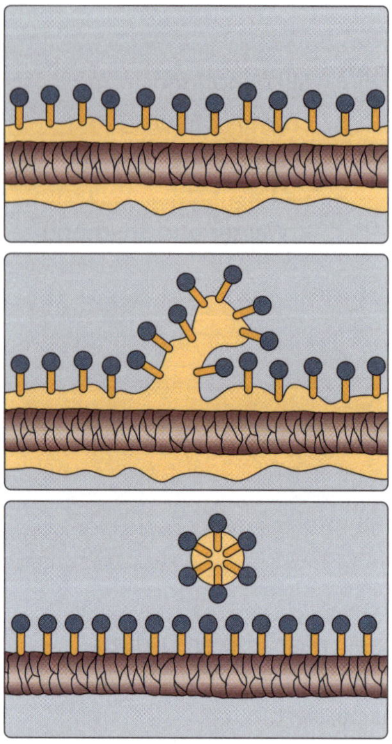

Durch die Waschbewegung beim Haarewaschen löst sich der Fettschmutz/Talg vom Haar. So gelangen die Tenside unter den Fettschmutz an das Haar. Sie lösen den Talg vom Haar. Diesen Vorgang nennt man Emulgieren.

Im weiteren Verlauf umhüllen die Tenside den Fettschmutz schließlich völlig und bilden eine sogenannte Mizelle. Die hydrophilen Köpfe der Tenside richten sich in Richtung des umgebenden Wassers, wohingegen die lipophilen Schwänzchen ihre eigene innere Phase am Fettschmutz bilden.

Die Tenside legen sich beim Waschvorgang mit ihrem fettfreundlichen (lipophil/hydrophob) Teil an den Schmutz/Talg des Haares und mit ihrem wasserfreundlichen (hydrophil/lipophob) Teil ragen sie ins Wasser.

- Vervollständigen Sie die Tabelle

Eigenschaften:	Tensidart (Name und Zeichnung)	Verwendung:
	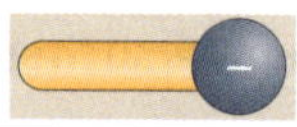	
besitzt eine leichte Reinigungswirkung, schäumt wenig		
	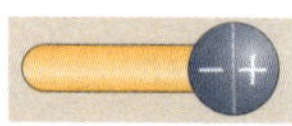	
		Spülung, Haarkur, Pflegeshampoo, Shampoo für feines Haar

- Tenside werden in zwei Gruppen unterteilt. Ergänzen Sie die Übersicht mithilfe des Lehrbuches.

Tenside

↓ ____________________

↓ in Seifen

↓ ____________________

↓ ____________________

Kationische Tenside

____

____

↓ **Emulgatoren**

↓ ____________________

↓ ____________________

- Tenside haben verschiedene Aufgaben. Ordnen Sie die Sätze in eine richtige Reihenfolge. Beginnen Sie immer mit dem Wort Tenside.

Tenside – verbessern – setzen – herab – und – die Oberflächenspannung – die Benetzbarkeit – der Haare. – des Wassers

____

____

Wasser und Fett – verbinden – und – in Emulsionen – ermöglichen – miteinander – Tenside – die Haarwäsche.

____

____

verbessern – die Verteilung der Haarfarbe auf dem Haar. – Tenside

____

____

Tenside – Dauerwellmitteln und Pflegeprodukten auf dem Haar. – die Verteilung von – ermöglichen

____

____

von Haut und Haar. – Fettschmutz – entfernen – Tenside

____

____

LERNSTEP 2

Lernstep 3

Shampoos – Inhaltsstoffe

Aufgabe:

- Ordnen Sie die Wirkungen den Inhaltsstoffen zu.

Inhaltsstoffe von Shampoos:

Basiswirkstoffe

- Tenside (WAS)
- Rückfetter (Fettstoffe)
- Konditionierungsmittel

Hilfsstoffe

- Verdickungsmittel
- Komplexbildner
- UV-Filter
- Konservierungsmittel
- Parfümöle
- Wasser

- verhindern das Ablaufen
- binden die Mineralien des Wassers
- verhindern die Entstehung von Keimen
- schützen vor UV-Strahlen
- verhindern das Austrocknen der Haut: Fettstoffe werden der Haut wiedergegeben, vermeiden Juckreiz
- löst und verdünnt die Wirkstoffe
- verbessern die Kämmbarkeit, verhindern die elektrostatische Aufladung
- geben spezielle Duftnote
- Reinigung durch Herabsetzen der Oberflächenspannung, Emulgieren der Fette, Bildung von Schaum

Wirkstoffe in Reinigungs- und Pflegeprodukten

- Ordnen Sie den Wirkstoffen die Beispiele (blau) und deren Wirkung (rosa) zu.

1 Fette, fettähnliche Stoffe, Wachse, Öle

2 schwache organische Säuren

3 Schwefelverbindungen

4 Antischuppenwirkstoffe

5 keratolytische Stoffe

6 kationische Stoffe

7 Lichtschutzfilter

8 Pflanzenextrakte

☐ Brennessel, Salbei, Kamille, Coffein, Guarana

☐ Lanolin (Wollwachs), Jojobaöl

☐ Zitronensäure, Weinsäure, Apfelsäure

☐ Zinkoxid, Titanoxid, Vitamine

☐ Salicylsäure

☐ Piroctin-Olamin (Octopirox®)

☐ Schwefel

☐ Quartäre Ammonimverbindungen

☐ Wirken z. B. antioxidativ, beruhigend, desinfizierend, entzündungshemmend, wachstumsfördernd, ...

☐ Wachstumshemmende Wirkung gegen Pilze und Bakterien (fungistatisch)

☐ lagern sich am Haar an, antistatisch

☐ Adstringierend, festigen das Keratin, neutralisierend

☐ vermindern die Talgproduktion

☐ Schutzstoffe, Rückfetter, Geschmeidigkeit, Glanz

☐ filtern die UV-Strahlung

☐ lösen Keratin, entfernen Schuppen von der Kopfhaut

Expertenwissen Wirkstoffe:

- Für eine vertiefte Auseinandersetzung nutzen Sie bitte den Lernimpuls – Wirkstoffe in Reinigungs- und Pflegeprodukten im Digital Plus Material.

DIGITAL+

LERNSTEP 3

Lernstep 4

Shampoos – Arten und Zusammensetzung

Aufgabe:

Stellen Sie sich vor, Sie kommen in den Salon und Ihr Chef ist nicht da. Er ist beim Arzt und Sie sind ganz alleine im Salon. Es kommt eine Kundin: Ganz normales Programm – also eigentlich kein Problem. Eine Haarwäsche für trockene, strukturgeschädigte Haare und Spitzen schneiden. Sie gehen nach hinten in die Mixecke, wollen die Shampooflaschen holen und stellen fest, dass sich jemand einen bösen Scherz erlaubt und die Produktbeschreibungen an allen Shampooflaschen entfernt hat. Tja, hinten auf den Flaschen ist nur noch die Liste mit den Inhaltsstoffen. Was nun?

Motto: „Jugend forscht" oder „Machen Sie sich schlau":

- Suchen Sie mithilfe des „Inhaltsstofflexikons-INCI" in Ihrem Fachbuch, der Internetseite www.haut.de oder der „COSMILE" INCI App von haut.de oder der App „INCI Beauty" die entsprechenden Erklärungen der Fachbegriffe. Suchen Sie ebenfalls die Funktionen des jeweiligen Inhaltsstoffs heraus. Notieren Sie den Shampoo-Namen.

____

Aqua, Sodium Lauryl Sulfate, Sodium Laureth Sulfate, Glycol Distearate, Zinc Carbonate, Sodium Chloride, Climbazol®, Parfum, (...)

____

____

____

____

____

Aqua, Sodium Laureth Sulfate, Cocamidopropyl Betaine, Sodium Chloride, Lanolin Alcohol, Bambusa Vulgaris Shoot Extract, Glycerin, Citric Acid, Parfum

____

____

____

____

____

Aqua, Sodium Laureth Sulfate, Cocamidopropyl Betaine, Sodium Chloride, Hydrolyzed Keratin, Glycerine, Panthenol, Cocos Nucifera Fruit Extract, Parfum

____

____

____

____

____

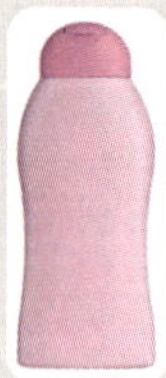

____

Aqua, Sodium Laureth Sulfate, Citric Acid, Sodium Acetate, Cedrus Atlantica Bark Oil, Salicylic Acid, Tea Tree Leaf Oil, Limonene, Menthol Peppermint Oil

____

____

____

____

____

Motto: „Ordnung ist das halbe Leben" das macht vieles leichter!

- Ordnen Sie die oben rausgeschriebenen Fachbegriffe den folgenden Kategorien zu. Markieren Sie die Inhaltsstoffe entsprechend farblich:

Hauptbestandteile: WAS (waschaktive Substanzen) = Tenside | Pflege- und Wirkstoffe | Hilfsstoffe

- Ordnen Sie die Wirkstoffe und die Wirkungsweise den jeweiligen Shampooarten zu:

Wirkstoffe	Shampooarten	Wirkung
anionenaktive Tenside, wenig Pflegestoffe und amphotere WAS	**Shampoo gegen Schuppen**	Reinigung, verhindern das Aneinanderkleben der Haare
anionenaktive und amphotere Tenside, Kräuterextrakte, wie Kamille und Salbei, und haaraufrauende Stoffe	**Shampoo für ausgeglichene Haare**	Reinigung, Pflege, rückfettend
anionenaktive Tenside und amphotere Tenside, wenig Pflegestoffe und Rückfetter, haaraufrauende Stoffe	**Shampoo gegen trockene und strapazierte Haare**	Reinigung
amphotere Tenside, Pflegestoffe, kationische Tenside, geringer Anteil anionischer Tenside, Rückfetter	**Shampoo gegen fettige Haare**	hemmen das Wachstum von Pilzen und Bakterien, Schuppenlöser, entzündungshemmend, Juckreizstiller
anionische Tenside, Schwefelverbindungen, Climbazol®, Salicylsäure	**Shampoo gegen feine Haare**	Reinigung, verzögern das Nachfetten, verhindern das Aneinanderkleben der Haare

Praxisaufgabe

- Suchen Sie sich ein Shampoo aus Ihrem Salon aus und notieren Sie die Inhaltsstoffe.
- Finden Sie zu jedem Inhaltsstoff eine Erklärung (INCI).

Inhaltsstoffe:

1 ____________________

2 ____________________

3 ____________________

4 ____________________

5 ____________________

6 ____________________

7 ____________________

8 ____________________

1 ____________________

2 ____________________

3 ____________________

4 ____________________

5 ____________________

6 ____________________

7 ____________________

8 ____________________

Lernsituation

3 Haarreinigungs- und Pflegeprodukte gezielt einsetzen

3.2 Emulsionen und pflegende Produkte unterscheiden

LERNSZENARIO:

Anja soll heute bei Frau Frühling nach der Strähnenbehandlung die Pflegeprodukte anwenden.

Dazu soll Anja laut ihres Chefs nach der Einwirkzeit die Blondierung ausspülen und eine reichhaltige Haarkur auftragen.

Als die Strähnen fertig sind und Anja bereits angefangen hat, die Blondierung auszuspülen, sagt Frau Frühling:

09:45 Uhr

Frau Frühling

„Ich habe eben auch schon mit deinem Chef gesprochen. Ich bin heute etwas unter Zeitdruck und habe keine Zeit für eine lange Haarkur, mach mir doch bitte einfach was zum Sprühen rein! Das reicht aus. Das mache ich zu Hause auch immer so!“

Anja fragt sich, ob es einen Grund gibt, dass ihr Chef trotzdem um eine Haarkur gebeten hat?

Was kann Anja der Kundin sagen?

Emulsionen und pflegende Produkte unterscheiden

ICH KANN:

... Emulsionstypen voneinander unterscheiden.

... verschiedene Emulsionstypen durch Proben feststellen.

... die Wirkung verschiedener Emulsionen auf die Haut erklären.

... pflegende Produkte voneinander unterscheiden.

... wichtige Inhaltsstoffe den pflegenden Produkten zuordnen.

... beschreiben, wie Pflegeprodukte auf dem Haar wirken.

LERNJOB

Vorwissen aktivieren

- Welche unterschiedlichen Pflegeprodukte kennen Sie bereits aus Ihrem Salon oder Ihrem alltäglichen Gebrauch zu Hause? Notieren Sie die Produkte auf Metaplankarten, Zetteln oder Post-its.
- Ordnen Sie die Produkte in Kategorien ein → Erstellen Sie ein Cluster (Methodenkarte – Cluster)
- Tauschen Sie sich in Ihrer Lerngemeinschaft über die erstellten Kategorien und Zuordnungen aus.

- Erinnern Sie sich an die Wirkstoffe? Vervollständigen Sie die Tabelle zu den Wirkstoffen mithilfe der vorgegebenen Begriffe:

Wirkstoffe: Fette/fettähnliche Stoffe/Öle, Organische Säuren, Kräuterextrakte/Pflanzenextrakte, Silikone/Silikonöle, Proteine

Beispiele: Climbazol®, Schwefel (Sulfur), Dimethicone, Stearamidopropyl, Hydrolyzed Keratin, Schwefelverbindungen, Salicylsäure, Minze, Kamille, (Bisabol), Aloe Vera, Hamamelis, Zitronensäure, Milchsäure, Weinsäure

Wirkstoff:		Beispiel:
____________	! Lindern den Juckreiz, wirken entzündungshemmend, die Talgproduktion wird gemindert, wirken durchblutungsfördernd oder spenden Feuchtigkeit	____________
Kationische Substanzen	! Wichtigster Inhaltsstoff in Pflegepräparaten, lagern sich an das Haar und verhindern die elektrostatische Aufladung	____________ (Emulgator auf der Basis von Palmöl)
Antischuppenwirkstoffe	! Vermindern die Talgproduktion	____________
	! Entfernen die Schuppen von der Kopfhaut	____________
	! Verhindern das Wachstum von Pilzen und Bakterien (fungizide Wirkstoffe)	____________
	! Die beschleunigte Zellteilung wird durch sie gehemmt und verhornte, abgestorbene Zellschichten werden abgetragen	Piroction-Olamin Octopirox® (Ethanolaminsalz) ____________ (halogenorganische Verbindung)
____________	! Geben dem Haar und der Kopfhaut das durch die Haarwäsche entzogene Fett zurück, Schutz vor äußeren Einflüssen, sind rückfettend, geben dem Haar Geschmeidigkeit, verleihen Glanz und verbessern die Kämmbarkeit	Panthenol, Lanolin, Kakaobutter
____________	! Wirken adstringierend (zusammenziehend), verbessern den Glanz des Haares, alkalische Rückstände nach chemischen Behandlungen werden neutralisiert	____________
____________	! Lagern sich an die geschädigten Stellen des Haares an und gleichen Strukturschädigungen aus	____________ (Protein für die Regeneration der Haarfasern)
____________	! Werden oft in der Drogerie bei Haut- und Haarpflegepräparaten eingesetzt, glätten die aufgeraute Oberfläche der Haare, indem sie diese mit einem Schutzfilm überziehen, können dadurch chemische Behandlungen beeinflussen	____________

LERNJOB

Informieren

- Informieren Sie sich mithilfe der untenstehenden Lernsteps über Emulsionen und pflegende Produkte.
- Tauschen Sie sich über die in den Lernsteps durchzuführenden Versuche mit Ihren Mitlernenden aus.
- Markieren Sie die einzelnen Lernsteps in der Tabelle nach dem Bearbeiten als erledigt und bewerten Sie den Schwierigkeitsgrad.

Methode: ____________________

Die Methodenkarte finden Sie im Digital Plus Material. DIGITAL+

Name des Lernsteps	erledigt √			
Emulsionen – Unterschiede, Eigenschaften und Wirkung				
Pflegende Produkte einordnen und unterscheiden				
Wirkung von Pflegeprodukten auf dem Haar				

Planen, Entscheiden, Durchführen

- Gestalten Sie zu sechs ausgewählten Pflegeprodukten Ihrer Wahl (z. B. aus Lernstep 2) eine eigene Werbebroschüre oder nutzen Sie die Vorlage.

Digitale Alternative: *Erstellen Sie Ihre Werbebroschüre digital z. B. mit Canva.*

- Geben Sie den Namen, die Inhaltsstoffe und die Wirkungsweise des Produktes an.

Kontrollieren

- Stellen Sie sich gegenseitig Ihre Werbebroschüren über Pflegeprodukte vor (zum Beispiel in Form eines Galleriegangs).

Digitale Alternative:
Austausch und kommentieren mittels TaskCards

- Schauen Sie auf das Lernszenario zurück. Markieren Sie in der Wirkstoff-Tabelle (Vorwissen) die Wirkstoffe, die in Frau Frühlings (Lernszenario) Pflegebehandlung enthalten sein müssen.
- Erklären Sie der Kundin, warum Anja bei Frau Frühling eine Haarkur anstelle einer Sprühkur einmassieren soll.
- Lesen Sie Ihre Begründung vor.

Evaluieren und Zusammenfassen

- Auch Anjas Chef möchte am Ende wissen, welche neuen Erkenntnisse Anja gewonnen hat. Machen Sie sich Notizen zum Fachgespräch mit Anjas Chef.
- Folgende Begriffe müssen enthalten sein:
  Emulsionstypen, Ö/W-Emulsion, W/Ö-Emulsion, äußere Phase, innere Phase, Haarkuren, Spülungen/Conditioner, Leave-in, Rinse-out, kationische Anlagerung
- Lesen Sie auch hier Ihr Ergebnis vor.

„Erkläre mir heute mal den Unterschied zwischen den verschiedenen Emulsionstypen und deren Bedeutung bei den Pflegeprodukten."

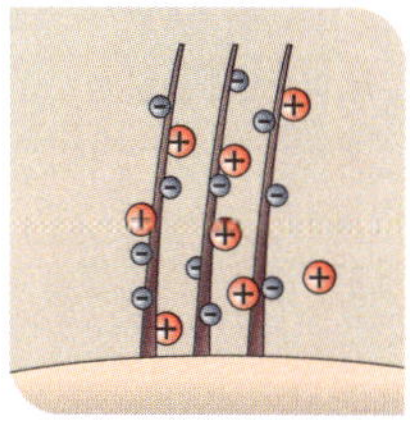

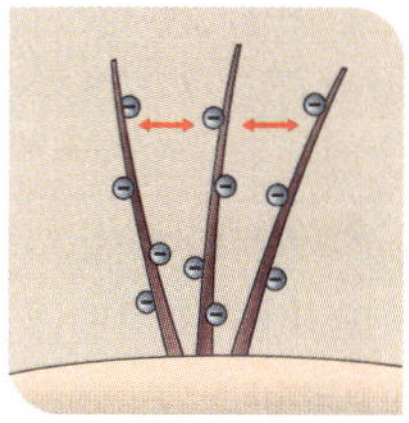

Beantworten Sie die Reflexionsfragen:

Ich kann:	🙂	🙁
... Emulsionstypen voneinander unterscheiden.		
... verschiedene Emulsionstypen durch Proben feststellen.		
... die Wirkung verschiedener Emulsionen auf die Haut erklären.		
... pflegende Produkte voneinander unterscheiden.		
... wichtige Inhaltsstoffe den pflegenden Produkten zuordnen.		
... beschreiben, wie Pflegeprodukte auf dem Haar wirken.		

Lernstep 1

Emulsionen – Unterschiede, Eigenschaften und Wirkung

Aufgaben:

- Vervollständigen Sie die Tabelle mithilfe Ihres Lehrbuches.
- Beantworten Sie die untenstehende Frage.
- Führen Sie die Experimente durch.

Merkmale:	Ö/W Emulsion	W/Ö Emulsion
Verteilung von Wasser und Öl		
Innere Phase	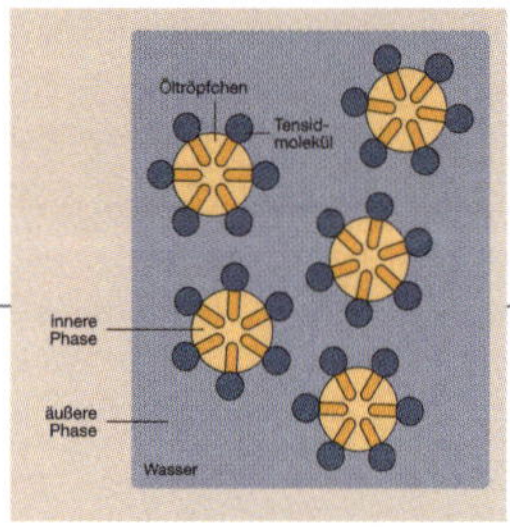	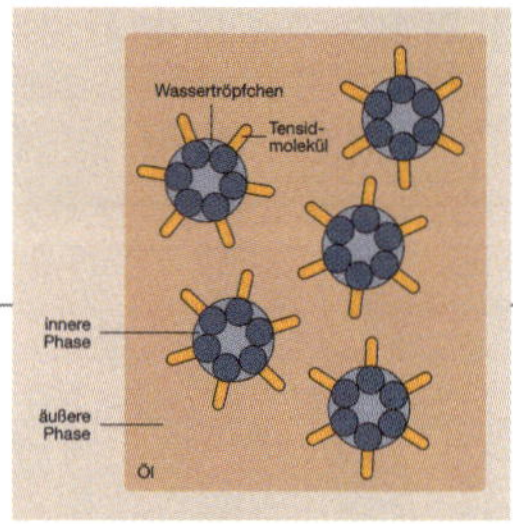
Äußere Phase		
Anwendung in der Friseurpraxis		
Feststellen des Emulsionstyps		
Wirkung auf die Haut		

- Wie entstehen Emulsionen?

Versuch 1: Erkennen des Emulsionstyps durch Verdünnen:

Sie benötigen: 4 Schälchen (alternativ Folie), 4 Zahnstocher, Speiseöl, Wasser, Emulsion 1 = Tagescreme, Emulsion 2 = Nachtcreme

Versuchsdurchführung:
1. Auf zwei Schälchen (Folien) wird die Emulsion 1 gegeben. Auf ein Schälchen einen Tropfen Wasser, auf das andere einen Tropfen Öl geben und vermischen.
2. Auf zwei Schälchen (Folien) wird die Emulsion 2 gegeben. Auf ein Schälchen wird ein Tropfen Wasser, auf das andere ein Tropfen Öl gegeben und vermischt.

Versuchsbeobachtung: Beschreiben Sie Ihre Beobachtungen.

Versuchsauswertung: Erklären Sie das beobachtete Phänomen.

Versuch 2: Erkennen des Emulsionstyps durch Probe auf der Haut:

Sie benötigen: Wasser, Vaseline, Emulsion 1 = Tagescreme, Emulsion 2 = Nachtcreme

Versuchsdurchführung: Wasser, Vaseline, Emulsion 1 und Emulsion 2 werden getrennt, dünn und gleichmäßig nebeneinander auf den trockenen Handrücken aufgetragen. (Bitte darauf achten, dass die Hände vor dem Versuch mit Seife gewaschen und vollständig getrocknet werden.)

Versuchsbeobachtung: Beschreiben Sie Ihre Beobachtungen.

Versuchsauswertung: Erklären Sie das beobachtete Phänomen.

LERNSTEP 1

Lernstep 2

Pflegeprodukte für Haar und Kopfhaut

Pflegeprodukte werden in „Rinse-out"- und „Leave-in"-Produkte eingeteilt.

Aufgaben:

- Geben Sie eine Definition für die Produkteinteilung in Rinse-out und Leave-in an.
- Ordnen Sie den Kategorien „Rinse-out" und „Leave-in" entsprechende Produkte aus Ihrem Friseuralltag zu.
- Notieren Sie zu den Produkten die Anwendung **A** und die Wirkungsweise **W**.
- Nehmen Sie Ihr Fachbuch zur Hilfe.

Rinse-out-Präparate:

Conditioner/Spülung

Bsp.:

A:

W:

entwirrt umgehend, gibt sofortige Farbbrillianz

Haarkur/Intensivkur

Bsp.:

A:

W:

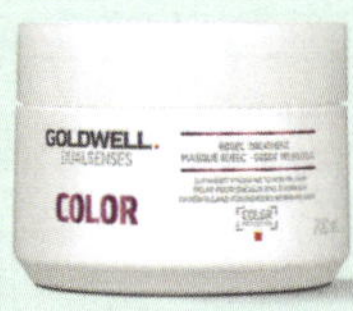

regeneriert das Haar sofort, gibt sofortige Farbbrillianz, pflegt intensiv

Leave-in-Präparate:

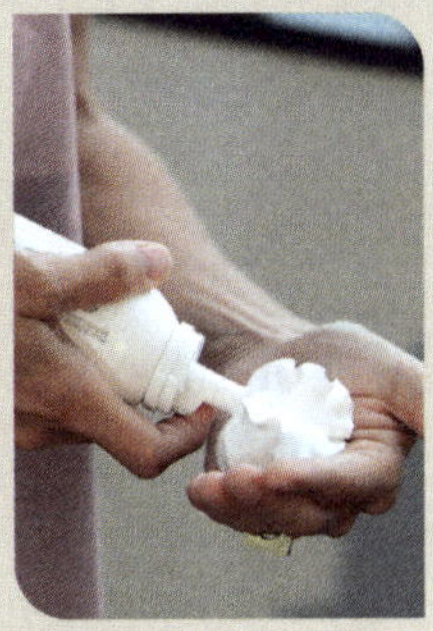

Öle

Bsp.:

A:

W:

verleiht sofortige Kontrolle, ein geschmeidiges Haargefühl, Glanz, Schutz vor Feuchtigkeit

Sprays und Schäume

Bsp.:

A:

W:

bietet sofortige schwerelose Pflege, Farbbrillianz, pflegt intensiv

Hitzeschutz

Bsp.:

A:

W:

schützt das Haar vor Haarbruch und Hitze bis 230 Grad während des Arbeitens mit dem Glätteisen

Spitzenschutz

Bsp.:

A:

W:

Anti-Frizz Effekt, schützt vor Luftfeuchtigkeit, bändigt und beruhigt das Haar, verleiht Geschmeidigkeit und Glanz

Lernstep 3

Wirkung von Pflegeprodukten auf dem Haar

Pflegeprodukte für das Haar enthalten:
- kationische ,
- keratinaffine ,
- fettähnliche oder
- feuchtigkeitsspendende Pflegestoffe .

Aufgaben:
- Beschriften Sie die Zeichnungen auf der linken Seite.
  - Kennzeichnen Sie die Ladung des Haares ◯, wenn es strukturgeschädigt ist mit + oder – (Bild 1).
  - Übertragen Sie die Ladungen ◯ in Bild 2.
  - Zeichnen Sie die richtige Ladung des Pflegeproduktes in Bild 2 ein.
- Beschreiben Sie mit Hilfe des Textes den Zustand des Haares vor der Pflegebehandlung, die Wirkung der Pflegestoffe auf das Haar und das Aussehen des Haares nach der Pflege.
- Entscheiden Sie, welche Begriffe hier richtig sind. Streichen Sie die falschen Begriffe durch.

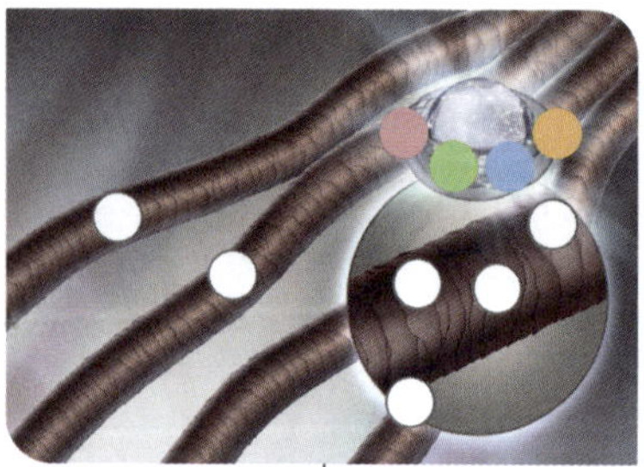

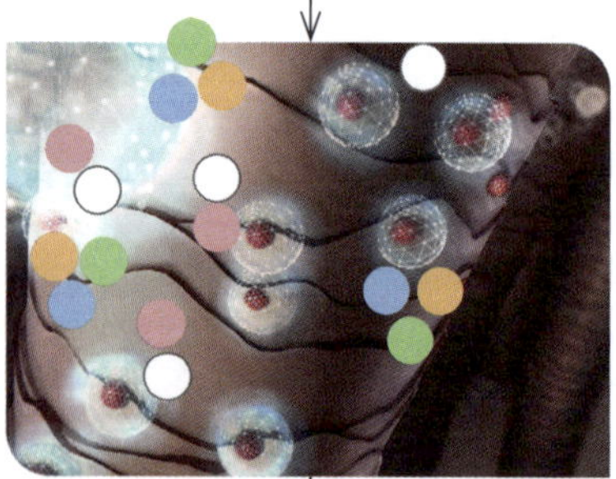

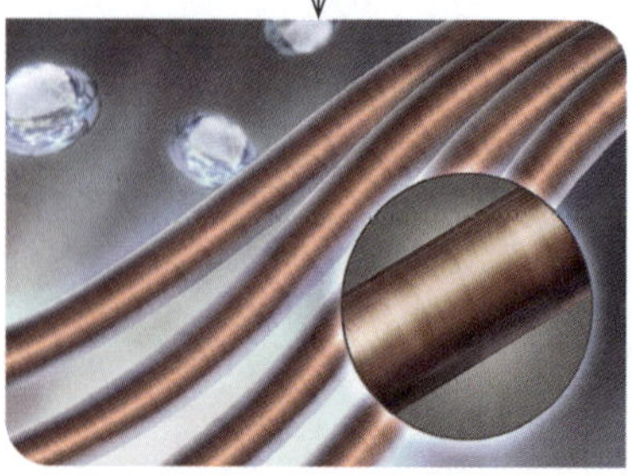

Das Haar ist aufgrund der Haarschädigungen positiv/negativ geladen. Die Schuppenschicht ist leicht geöffnet/geschlossen und liegt nicht glatt/glatt an.

Die anionenaktiven/kationenaktiven Pflegestoffe lagern sich am Haar an und gleichen den positiven/negativen Ladungsüberschuss aus. Auf diese Weise wird das „Fliegen"/„Fetten" der Haare verhindert und das Haar wird „frisierwillig"/„störrig". Die keratinaffinen/keratinophoben Pflegestoffe sind in ihrem chemischen Aufbau dem Haar ähnlich. Sie lagern sich an den gesunden/geschädigten Stellen des Haares an und gleichen so den Fettglanz/die Strukturschäden aus. Aufgrund ihrer Ähnlichkeit mit dem Epidermis/Haarkeratin geben sie dem Haar das natürliche Aussehen zurück.
Die fettähnlichen/wasserspendenden Pflegestoffe geben dem Haar und der Haut das durch die Haarwäsche entzogene Fett zurück, sorgen so für ein trockenes Aussehen/einen natürlichen Glanz des Haares und verhindern das Austrocknen/Nachfetten. Die feuchtigkeitsspendenden Pflegestoffe dringen in das Haar und die Haut ein und binden dort kleine Mengen von Wasser/Fett. Sie sorgen so für das Feuchtigkeitsgleichgewicht. Zugesetzte haltgebende Substanzen (Wasser und Öle/Filmbildner und Kunstharze) legen sich um das Haar und geben ihm Halt, Festigkeit und Volumen/kein Volumen.

Das Haar weist nach der Behandlung kaum Ladungen auf. Die Struktur des Haares ist verbessert, das Haar ist gestärkt. Die Schuppenschicht ist geöffnet/geschlossen und die einzelnen Cuticulazellen liegen glatt an/stehen ab.

Lernsituation

3 Haarreinigungs- und Pflegeprodukte gezielt einsetzen

3.3 Haar- und Kopfhautwasser auftragen, Kopfhautmassage durchführen

LERNSITUATION

LERNSZENARIO:

Toni Hinz ist Stammkunde im Salon Haarscharf. Er kommt regelmäßig zum Bart und Haare schneiden. Anja hat heute die Aufgabe, den Kunden zum Haareschneiden vorzubereiten.

Toni liebt Kopfhautwasser und Kopfhautmassagen. Das hat ihr Chef gesagt. Aus diesem Grund soll Anja die Wartezeit mit einer Kopfhautmassage überbrücken. Sie überlegt, welches Produkt sie nehmen kann und wie sie die Kopfhautmassage durchführt.

14:45 Uhr
Herr Hinz: Schneiden/ Föhnen
Anja: Haarwäsche

„Ich liebe es, wenn ich vor dem Haare schneiden ein Kopfhautserum aufgetragen und eine Massage bekomme. Kannst du das für mich tun?"

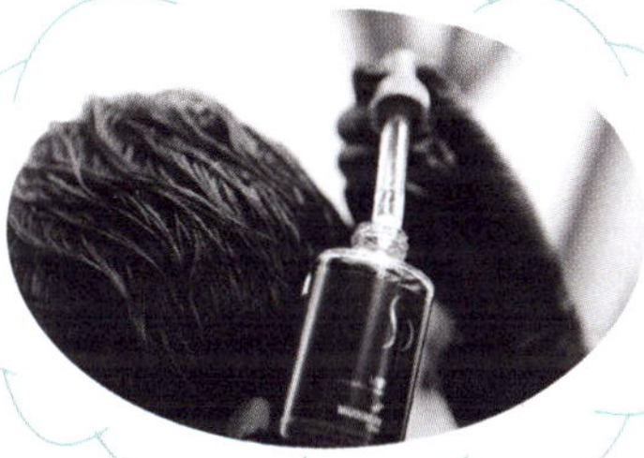

Was muss Anja alles beachten?

Haar- und Kopfhautwasser auftragen, Kopfmassage durchführen

ICH KANN:

... Kopfhautwasser und Haarwasser hinsichtlich der Zusammensetzung und der Anwendung unterscheiden.

... die Inhaltsstoffe von Kopfhautwasser und Haarwasser nennen und deren Wirkung beschreiben.

... Lösungen von anderen chemischen Gemischen unterscheiden.

... Kopfhautwasser bzw. Haarwasser auftragen.

LERNJOB

Vorwissen aktivieren

- Wortsuchsel: Wir suchen 7 Begriffe zum Thema Kopfhautbehandlung.
- Suchen Sie die unten angegebenen Wörter im Suchsel und markieren Sie diese (Hinweis: Die Begriffe können horizontal, vertikal, vorwärts oder rückwärts stehen.).
- Brauchen Sie eine größere Herausforderung? Dann decken Sie die untenstehenden Wörter zu.

P	H	T	C	V	M	L	I	B	E	Y	B	I	F	F	Z	L	P	P	E
C	G	F	T	R	Q	B	N	E	D	H	L	Z	S	P	X	S	L	E	W
N	L	R	T	G	A	M	K	G	M	G	M	D	V	L	V	H	C	E	I
B	B	V	Y	G	J	A	L	Q	P	I	S	C	W	A	S	S	E	R	M
L	P	C	D	R	F	E	S	W	F	F	H	G	D	H	V	Q	M	S	P
C	O	F	F	E	I	N	F	K	L	M	D	D	U	J	C	C	C	C	X
I	D	P	L	Q	Q	C	T	D	A	X	E	C	E	N	Q	H	X	R	D
M	S	J	X	K	K	W	U	D	N	T	S	G	S	V	N	G	Y	A	N
U	S	S	R	B	Q	I	E	E	Z	C	I	G	A	L	T	H	G	L	E
L	U	F	C	B	K	G	R	D	E	L	N	H	L	L	K	D	T	C	L
M	N	T	D	L	T	L	D	S	N	P	F	J	K	Y	A	X	T	W	H
X	N	O	V	H	U	O	W	C	E	K	I	Q	O	X	S	T	F	J	E
X	H	Y	E	N	A	O	M	U	X	H	Z	S	H	X	T	D	C	R	U
F	Y	H	L	N	H	O	A	R	T	G	I	U	O	S	C	B	G	S	K
Q	V	I	C	L	F	Z	D	C	R	B	E	Y	L	H	R	H	Y	G	F
F	F	W	S	C	P	V	P	G	A	S	R	S	C	H	T	C	R	P	S
W	E	B	W	F	O	U	J	X	K	H	E	Q	V	C	M	O	O	F	X
Q	Y	M	S	X	K	A	E	M	T	B	N	R	Z	G	P	B	Q	N	A
R	N	B	H	A	I	F	H	X	E	K	D	I	R	S	G	C	R	O	H
O	J	J	O	B	W	P	R	E	W	Y	N	L	L	J	I	D	W	I	H

Diese Wörter sind versteckt:

1. Coffein
2. Alkohol
3. Wasser
4. desinfizierend
5. kuehlend
6. Pflanzenextrakte
7. Kopfhaut

Informieren

- Bearbeiten Sie die Lernsteps zum Thema Haar- und Kopfhautwasser und Kopfhautmassage.
- Markieren Sie die einzelnen Lernsteps in der Tabelle nach dem Bearbeiten als erledigt und bewerten Sie den Schwierigkeitsgrad.

Methode: ____________________

Die Methodenkarte finden Sie im Digital Plus Material.

DIGITAL+

Name des Lernsteps	erledigt √			
Arten, Aufgaben und Inhaltsstoffe von Haar- und Kopfhautwasser/-seren				
Einteilung der Gemische				
Lösung vs. Emulsion				
Kopfmassage durchführen				

LERNJOB

Planen, Entscheiden, Durchführen

Auf dem Social Media Kanal des Salons Haarscharf hat der Chef eine Frageseite eingerichtet, die von der Kundschaft des Salons für eine schnelle Heimberatung genutzt werden kann.

- Anja soll heute die Fragen zu den Kopfhautpflegemitteln beantworten.
  Welche Antworten kann Anja geben? Notieren Sie diese.

#Pflege für die Kopfhaut, Kopfmassage @Salon Haarscharf

Jonathan@spitzname

Ich habe heute ein #Haarwasser gekauft. Allerdings gab es auch noch #Kopfhautwasser. Jetzt bin ich irritiert. Was sind die Unterschiede zwischen einem #Haarwasser und einem #Kopfhautwasser?

Was muss ich beachten, wenn ich das #Haarwasser auftrage?

Nutzerin@ Frisurenliebhaberin

Ich brauche einen Tipp von euch. Mein Vater liegt im Krankenhaus. Er möchte aber nicht auf seine #Kopfmassage verzichten. Welche #Massagegriffe kann ich bei einer #Kopfhautmassage anwenden? Welche Wirkung haben die einzelnen Massagegriffe?

Miez@wie ich jaule

Habe heute bei euch was für die #Kopfhaut gegen #Haarausfall gekauft. Es ist so eine Art Milch, keine Lösung. Das hat mich etwas gewundert, da das Produkt vorher wie Wasser aussah. Was ist denn der Unterschied zwischen den beiden Produkten? Kann ich die Milch anwenden wie ein Haarwasser? Welche Tipps gibt es für das Auftragen auf dem Haar?

Kontrollieren

Praxisaufgaben:

- Erstellen Sie mithilfe des Lehrbuches, der Unterrichtsmaterialien und des Internets eine eigene Reihenfolge einer Kopfhautmassage.
- Vielleicht haben Sie auch schon eine bestimmte Reihenfolge im Salon gelernt? Notieren Sie den Namen des Massagegriffs, die Massagegriffarten und die Wirkung. Die Bilder zu den Massagegriffen finden Sie im Digital Plus Material.
- Führen Sie die geplante Kopfhautmassage mit Haarwasser an einem Modell durch (im Lehrsalon der Schule oder im Ausbildungsbetrieb). Filmen Sie Ihre Vorgehensweise mit dem Handy.
- Lassen Sie sich mithilfe des Bewertungsbogens ein Feedback zur Kopfhautmassage geben (S. 116).

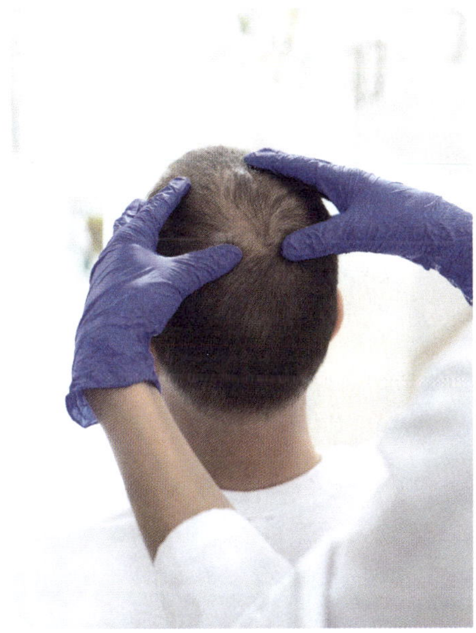

DIGITAL+

LERNJOB

Beantworten Sie die Reflexionsfragen:

Ich kann:	☺	☹
... Kopfhautwasser und Haarwasser hinsichtlich der Zusammensetzung und der Anwendung unterscheiden.		
... die Inhaltsstoffe von Kopfhautwasser und Haarwasser nennen und deren Wirkung beschreiben.		
... Lösungen von anderen chemischen Gemischen unterscheiden.		
... Kopfhautwasser bzw. Haarwasser auftragen.		

Lernstep 1

Zusammensetzung und Aufgaben von Haar- und Kopfhautwasser/-seren

Arten und Aufgaben:
Die Begriffe Haarwasser und Kopfhautwasser werden in der Friseurpraxis oftmals synonym verwendet. Sie können aber hinsichtlich der Aufgaben unterschieden werden.

Aufgabe:

- Ordnen Sie die Aufgaben den Produkten zu. Verbinden Sie die Aussagen mit einem Pfeil zum Produkt.

Haarwasser

Kopfhautserum

- fördern die Durchblutung
- dienen der Haarpflege
- verzögern durch den Wirkstoff Minoxidil den vorzeitigen Haarausfall
- gegen hautspezifische Probleme
- erhöhen den Glanz
- versorgen die Haare mit Nährstoffen
- verbessern die Frisierbarkeit
- gegen Haarausfall
- zur Verbesserung der Kopfhautfunktionen
- regen das Haarwachstum an
- erfrischen und geben Duft
- beseitigen Kopfhautschuppen, lindern Juckreiz

Inhaltsstoffe:

Aufgabe:
Ergänzen Sie mithilfe des Lehrbuches:
- die fehlenden Inhaltsstoffe,
- die Wirkung im Haar- und Kopfhautwasser.

Infobox Alkohole:
In Festigern und Haarsprays werden Alkohole als Lösungsmittel für Kunstharze und Pflegestoffe eingesetzt. In Rasier- und Kopfhautwasser lösen sie die Duft- und Wirkstoffe. Im Gesichtswasser lösen sie den Hauttalg und desinfizieren die Haut. Die häufigsten in Kosmetikprodukten eingesetzten Alkohole sind Ethanol und Isopropanol.

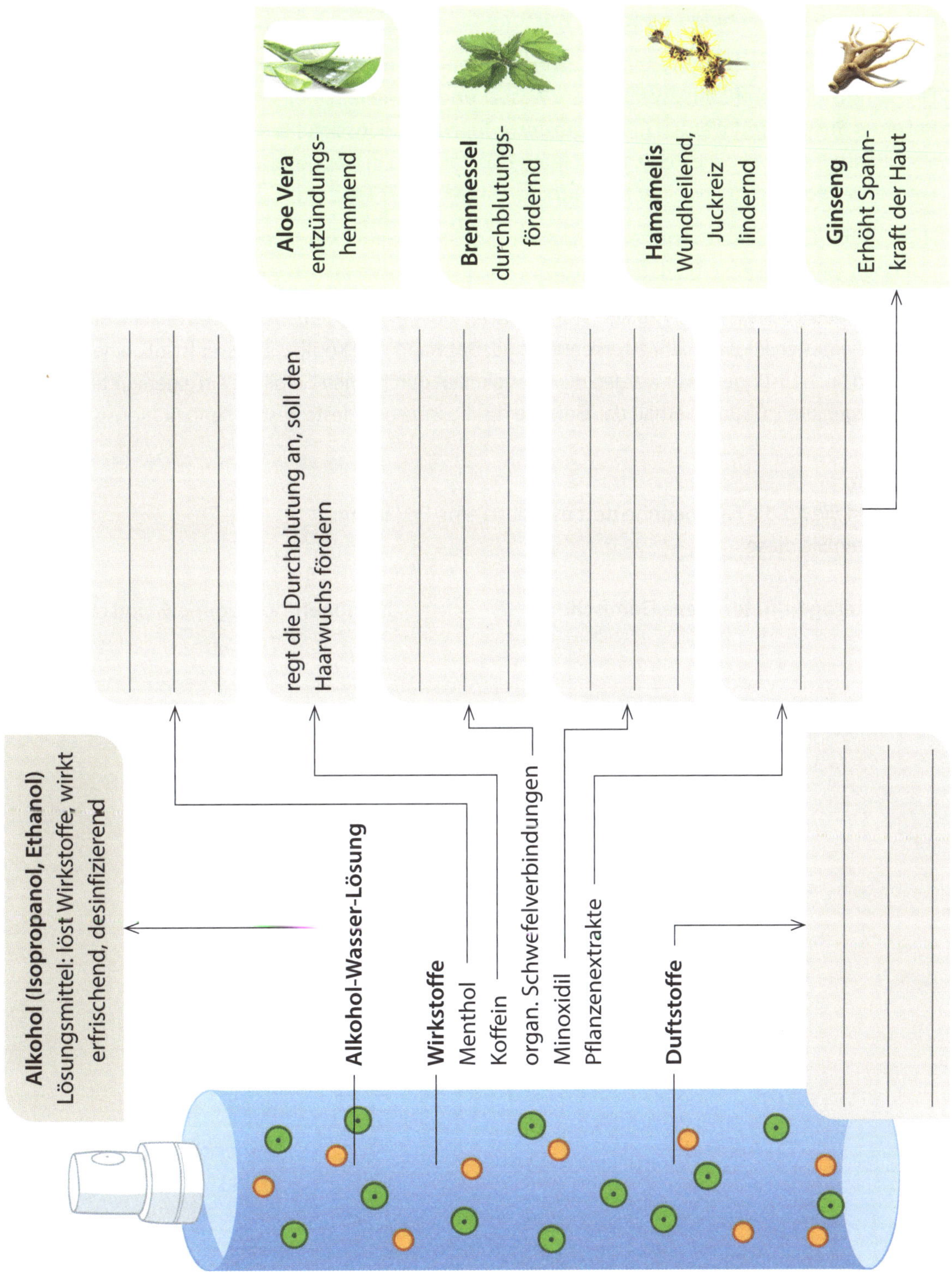

LERNSTEP 1

Lernstep 2

Einteilung der Gemische

Welche Arten von Gemischen gibt es?

Kosmetische Produkte können verschieden zusammengesetzt sein. Dadurch ergeben sich verschiedene Produkttypen. Je nachdem wie viele Teile (Phasen) miteinander gemischt werden, entstehen andere Gemische.

Gemische werden in **heterogene** und **homogene** Gemische unterteilt.

Heterogene Gemische bestehen aus zwei oder mehreren miteinander gemischten Phasen.
Eine **Emulsion** besteht aus zwei Phasen, Wasser und Öl, die fein ineinander vermischt sind.
Bei einer **Suspension** werden ungelöste, feste Teilchen in Flüssigkeiten verteilt.
Von einem **Aerosol** ist die Rede, wenn feine Flüssigkeiten in Gas gemischt werden.
Ein **Gemenge** besteht aus einer Mischung mehrerer fester Teilchen.

Homogene Gemische entstehen dann, wenn die Phasen sich ineinander so vermischen, dass nur noch eine Phase bleibt.

Bei **Lösungen** sind feste oder flüssige Stoffe in einer Flüssigkeit so fein ineinander verteilt, dass keine unterschiedlichen Phasen mehr zu erkennen sind. Das Haar- und Kopfhautwasser ist z. B. eine Lösung. **Gele** sind auch Lösungen. Hier werden die Flüssigkeiten durch einen Gelbildner in einem gitterartigen Netz festgehalten. Dadurch erhält das Gel eine dickflüssige oder feste Beschaffenheit (Konsistenz).

LERNSTEP 2

Aufgaben:

- Suchen Sie für die Fachbegriffe (fett markiert) eine Erklärung.
- Notieren Sie diese.

heterogen/heterogene Gemische	**homogen/homogene Gemische**
Emulsion	**Lösungen**
Suspension	**Gele**
Aerosol	**Gemenge**

Aufgabe:

- Ordnen Sie die Produkte den Gemischarten zu.
  Haargel, Wasserstoffperoxid, Conditioner, Pflanzenfarbe, Haarwasser, Sprühkur, Pflanzenfarbe in Wasser, Haarfestiger, Pigmente, Make-up-Basis, Puder, Reinigungsmilch, Tönungsschaum, Blondierpulver, Gesichtswasser, Lippenstift, Rasiergel, Haarspray

Gemische

Heterogene Gemische	Homogene Gemische
Zwei oder mehrere Phasen	eine Phase

Emulsion – Wasser und Öl

Hautcreme, Haarkur, ____________________

____

____

Lösung – Verschiedene Stoffe in Flüssigkeit

____

____

____

Suspension – Feste Teilchen in Flüssigkeit

____

____

____

Gel – Flüssigkeiten mit Gelbildner

____

____

____

Aerosol – Flüssigkeiten in Gas

____

____

____

Gemenge – Mehrere feste Stoffe

____

____

____

LERNSTEP 2

Lernstep 3

Experiment: Lösungen vs. Emulsionen

Experiment: Wie unterscheiden sich Lösungen von Emulsionen?

Sie benötigen:

- 1 Reagenzglasständer
- 3 Reagenzgläser
- 1 kleiner Messbecher
- Kochsalz
- Öl
- Emulgator oder verdünntes Shampoo
- (Spatel, Pipette)

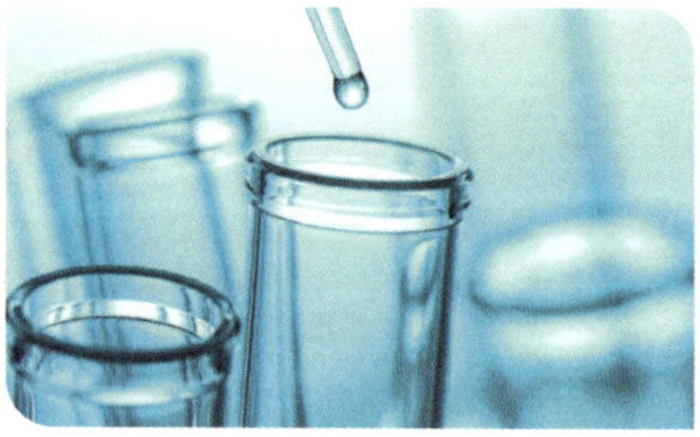

Führen Sie die folgenden Arbeitsschritte durch:

- Alle drei Reagenzgläser werden zur Hälfte mit Wasser gefüllt.
- In das 1. Reagenzglas werden zwei bis drei Prisen (Spatelspitze) Kochsalz gegeben.
- Dann wird gut umgerührt.
- In das 2. und 3. Reagenzglas werden jeweils 20 ml Öl gegeben und gut mit dem Wasser verrührt.
- In das 3. Reagenzglas wird zusätzlich (mit einer Pipette) etwas Shampoo hinzugefügt und erneut verrührt.
- Danach werden die Reagenzgläser ca. 2 Minuten stehen gelassen.

Beschreiben Sie Ihre Beobachtungen:

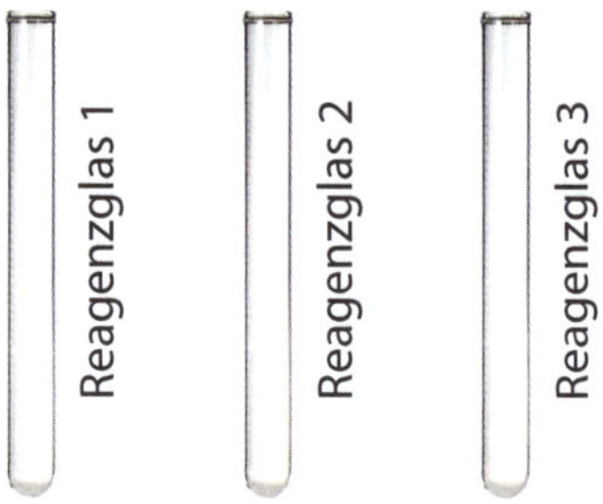

Hilfsfragen:

Wie sehen die Flüssigkeiten in den Reagenzgläsern aus? Verändern sie sich?

Lösen sich alle Stoffe ohne Rückstände? Wenn ja, in welchem Reagenzglas?

Wie sehen die Gemische in den weiteren Reagenzgläsern aus? Woran liegt das?

Welche Stoffe haben welche Aufgaben?

Wie sehen die Flüssigkeiten in den Reagenzgläsern aus? Verändern sie sich?

____

____

____

In welchem Reagenzglas lösen sich alle Stoffe ohne Rückstände auf? ______________

Wie sehen die Gemische in den anderen Reagenzgläsern aus? Woran liegt das? Welche Stoffe haben welche Aufgaben?

____

____

____

Werten Sie den Versuch aus:

____

____

Lernstep 4

Kopfmassage durchführen

Bei der Kopfhautbehandlung wird das entsprechende Produkt gleichmäßig auf das gescheitelte Haar vom Vorderkopf zum Nacken hin aufgetragen. Wichtig: Dabei darf kein Produkt ins Gesicht laufen!

Um die Wirkung der Kopfhautprodukte (Haar- und Kopfhautwasser und Kopfhautserum) zu intensivieren und der Kundschaft einen ganz besonderen Wohlfühlmoment zu schenken, wird eine Kopfhautmassage durchgeführt. Obwohl die Reihenfolge der Massagegriffe von Firma zu Firma unterschiedlich ist, haben die Massagegriffe eine besondere Wirkung.

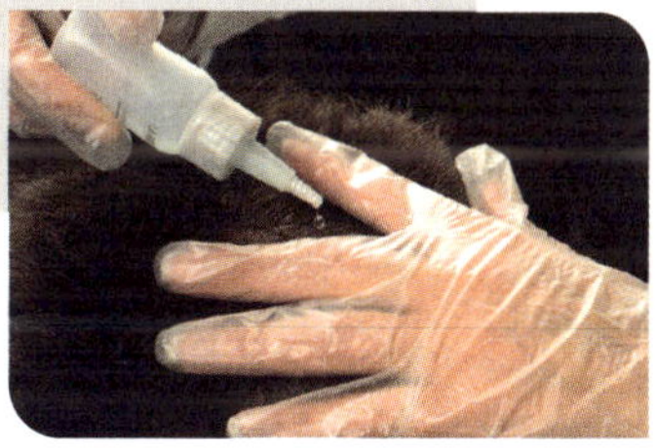

Aufgabe:

- Ordnen Sie den Massagegriffen die entsprechende Wirkung zu:

Streichmassage (Effleurage)

Bindegewebsmassage

Friktionsmassage

Klopfmassage

Lockerungsmassage (Plissieren und Walken)

Nervenpunktmassage

Mit fest aufgesetzten Fingerkuppen wird die Kopfhaut in kreisenden Bewegungen mit erhöhtem Druck verschoben. Fingerkuppen fest auf die Haut aufgesetzt: Die Hautfunktionen werden angeregt, Steigerung der Durchblutung, Steigerung der Elastizität des Bindegewebes, Zufuhr von Wirkstoffen in die Haut.

Kreisförmiges Reiben der Fingerkuppen unter Druck auf der Kopfhaut in Schwimmrichtung: Verteilung des Präparates, lockert Verspannungen, das Bindegewebe wird elastisch gehalten, wirkt durchblutungsfördernd.

Wird zu Beginn und am Ende einer Massage parallel zur Hautoberfläche ausgeführt. Je nach Griff mit der flachen Hand oder den Fingerflächen streichen. Wirkt beruhigend und entspannend, dient zur Kontaktaufnahme, verbessert den Lymphstrom und die Durchblutung.

Die Haut und die Muskeln werden mit fest aufgesetzten Fingerkuppen leicht angehoben und gegeneinander verschoben: Der Stoffwechsel wird angeregt, die Muskulatur und das Bindegewebe werden gelockert.

Leichtes Trommeln mit den Fingerkuppen auf die Haut: Die Hautnerven und Hautfunktionen werden angeregt.

Mit den Kuppen der Mittelfinger wird Druck auf die Nervenpunkte ausgeübt: Wirkt belebend.

LERNSTEP 4

Aufgaben:

Im Folgenden ist ein Vorschlag für einen Ablauf einer Kopfhautmassage dargestellt.

- Bringen Sie die Massageschritte in eine richtige Reihenfolge.
- Ordnen Sie die Bilder den Namen der Massagegriffe zu. Unterstützung finden Sie in Ihrem Fachbuch.

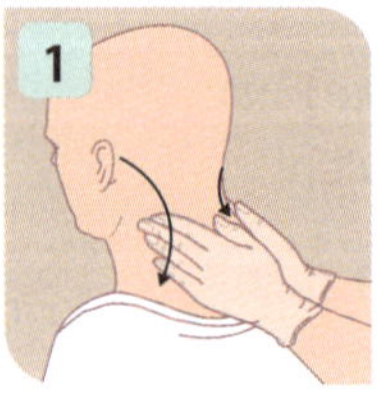

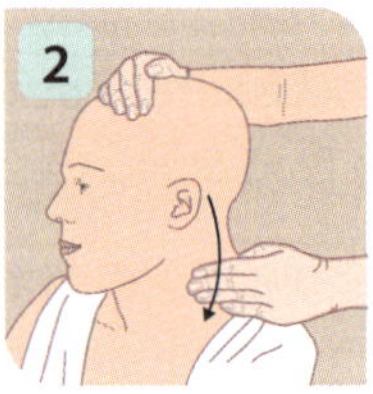

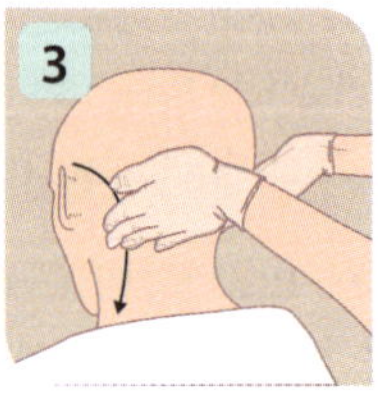

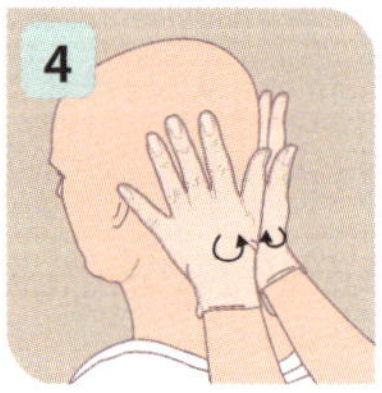

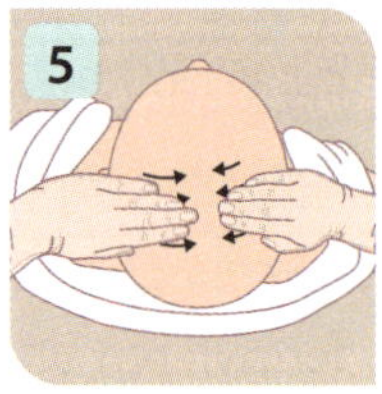

☐ Großer Ausstreichgriff

☐ Beidseitiges Ausstreichen der Nackenmuskulatur von oben nach unten

☐ Plissieren der Kopfhaut – Lockerungsmassage

☐ Ausstreichen des vorderen Haaransatzes

☐ Massage im Bindegewebe auf der Kopfhaut – Durchblutungsmassage

☐ Einseitiges Ausstreichen der Nackenmuskulatur von oben nach unten

☐ Friktionen in den Nackenkuhlen

☐ Ausstreichen des Hinterkopfes und der Nackenpartie

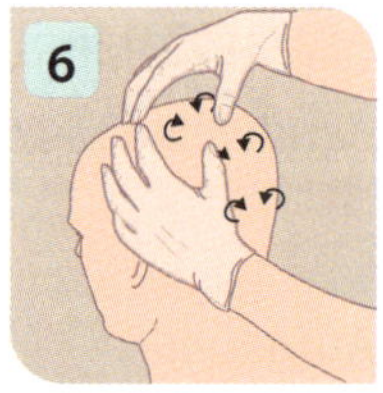

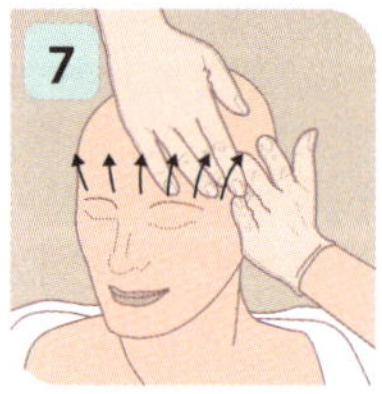

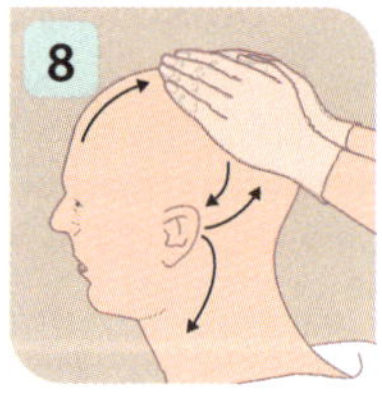

- Tragen Sie die Namen der Massagegriffe in die Beschreibungen in den Kästchen ein.
- Ordnen Sie die Beschreibungen den Massagegriffen zu (Bilder zu Text zuordnen).

☐ ____

- Mit einer Hand, links und rechts im Wechsel, von der Nackenkuhle entlang der Halswirbelsäule streichen.

Wichtig: Ohne Druck arbeiten, eine Hand stützt den Kopf, die andere Hand arbeitet, Hände abwechselnd umsetzen.

☐ ____

- Beide Hände liegen flach nebeneinander auf dem Vorderkopf. Die Fingerkuppen berühren leicht den vorderen Haaransatz.
- Die Hände streichen mit leichtem Druck zurück bis zum Hinterkopf.
- Die Hände bzw. die Handballen werden nach außen gedreht, sodass die Daumen hinter dem Ohr (s. Griff 3) aufgesetzt werden können. Die Daumen und die Handballen gleiten durch die Nackenkuhlen hoch zum Hinterkopf.
- Die Daumen bleiben auf dem Kopf liegen. Die Finger werden nach außen geführt und streichen von dort aus herunter zu den Schultern.

Wichtig: Mit leichtem Druck der Hände auf den Schultern wird bei der dritten Wiederholung die Massage beendet.

☐ ______________________________

- Mit fest aufgesetzten Fingerkuppen die Kopfhaut kreisend gegen die Schwimmrichtung massieren. Am vorderen mittleren Haaransatz beginnen und zum Nacken arbeiten.
- Die Seiten werden im Wechsel von der vorderen Haarkontur zum Nacken massiert.

Wichtig: Die Fingerkuppen massieren nur die Kopfhaut und nicht die Haare. Die Finger sollten leicht angewinkelt sein, um den Druck je nach Wunsch der Kundin bzw. des Kunden anzupassen. Nach sieben Sekunden die Hände im Wechsel versetzen. In drei Bahnen vom Haaransatz zum Nacken massieren.

☐ ______________________________

- Beide Hände hinter den Ohren ansetzen und mit Zeige-, Mittel- und Ringfinger entlang der hinteren Haargrenze zu den Schultern ausstreichen.

Wichtig: Finger liegen beim Ausstreichen flach an, ohne Druck arbeiten, Griff 3x wiederholen, Hände abwechselnd umsetzen.

☐ ______________________________

- Die Fingerkuppen werden auf die Kopfhaut aufgesetzt. Sie stehen zueinander und halten einen Abstand von 2 cm.
- Die Kopfhaut wird mit leichtem Druck zügig und locker in die Mitte zusammengeschoben.

Wichtig: Gelockert wird nur der Oberkopf zwischen Stirn- und Atlasknochen in W-Form von Schläfe zu Schläfe, während der gesamten Massage sind die Finger gestreckt, bleiben geschlossen und stehen nicht weiter als 2 cm auseinander.

☐ ______________________________

- Daumen beidseitig hinter den Ohren ansetzen.
- Erst mit dem Daumen, dann mit dem Handballen sichelförmig vom Ohr über die Nackenkuhlen zum Hinterkopf streichen.

Wichtig: Mit mäßigem Druck arbeiten, die Handballen müssen spürbar durch die Nackenkuhlen gleiten.

☐ ______________________________

- Handballen liegen in den Nackenkuhlen.
- Kreisende Bewegungen mit den Handballen in den Nackenkuhlen in Schwimmrichtung.

Wichtig: Mit leichtem Druck arbeiten, etwa sieben Sekunden

☐ ______________________________

- Der vordere Haaransatz wird mit zwei Fingerkuppen nach hinten ausgestrichen. Im Wechsel wird der vordere Haaransatz von Ohr zu Ohr ausgestrichen.

Wichtig: Es werden die Fingerkuppen des Mittel- und Ringfingers oder des Mittel- und Zeigefingers eingesetzt. Die Fingerkuppen massieren langsam und ohne Druck. Es wird im Wechsel dreimal nach links und dreimal nach rechts gearbeitet.

Praxisaufgabe: Kopfhautmassage planen und ausführen

Kopfhautmassage: Feedbackbogen zur Kopfmassage

Qualitätsmerkmale	Indikator	☺	☹	Bemerkungen
Das Kopfhautwasser ist kundengerecht ausgewählt.	Das Kopfhautwasser brennt nicht auf der Kopfhaut.			
Die Partien sind nicht zu dick abgeteilt.	Die Kopfhaut wird gleichmäßig mit Kopfwasser benetzt.			
Die Partien sind nicht zu dünn abgeteilt.	Die Kopfhaut erhält nicht zu viel Kopfwasser.			
Das Kopfwasser wird nicht zu viel aufgetragen.	Das Kopfwasser läuft nicht ins Gesicht oder in den Nacken.			
Die Massage ist angenehm.	Die Kundschaft gibt entsprechendes Feedback.			
Die Finger sind nicht zu flach angesetzt.	Der Druck der Massage ist gering.			
Die Finger werden zu steil aufgesetzt.	Der Druck der Massage ist unangenehm.			
Die Fingernägel des Friseurs bzw. der Friseurin sind zu lang.	Die Massage ist unangenehm.			

- Notieren Sie sich aufgrund des Feedbacks Erfolge und neue Lernanlässe.

Erfolge	Neue Lernanlässe

LERNSTEP 4

Lernsituation

4 Haarreinigungs- und Pflegemaßnahmen durchführen

4.1 Haare und Kopfhaut reinigen

LERNSZENARIO:

Anja und ihr Chef stehen an der Rezeption und gehen gemeinsam den Terminplan für den Tag durch. Heute soll Anja das erste Mal eine Haarwäsche allein durchführen. Für die Stammkundin Frau Eberhard ist die Haarwäsche immer ein besonderes Wohlfühlerlebnis. Anja ist ganz aufgeregt und geht im Kopf die Haarwäsche noch einmal durch. Außerdem will ihr Chef auch noch von Anja wissen, was sie gemacht hat und warum das Haarewaschen eine der wichtigsten Dienstleistungen im Friseurbereich ist.

14:00 Uhr
Frau
Eberhardt
Schneiden/Föhnen
Anja: Haarwäsche

Haare reinigen

ICH KANN:

... meine bisherigen Erfahrungen aus dem Salon beim Haarewaschen beschreiben.

... notwendige Arbeitsschutzmaßnahmen beim Haarewaschen nennen und deren Einsatz begründen.

... den Arbeitsablauf beim Haarewaschen nennen und die entsprechenden Qualitätsmerkmale zuordnen.

... eine professionelle Haarwäsche durchführen.

... Feedback zu einer Haarwäsche geben und Feedback annehmen.

... die Durchführung meiner Haarwäsche kritisch reflektieren.

LERNJOB

Vorwissen aktivieren

- Beantworten Sie die Fragen auf den Kärtchen zunächst allein.
- Suchen Sie sich einen Mitschüler/eine Mitschülerin und tauschen Sie sich über die Ergebnisse aus.
- Suchen Sie sich anschließend ein weiteres Paar und besprechen Sie Ihre Ergebnisse:

Wie oft wasche ich Haare im Salon?

Worauf achte ich beim Haarewaschen?

Was ist der Kundschaft wichtig bei der Haarwäsche?

- Stellen Sie kurz die Ergebnisse der Gruppenarbeit der Klassengemeinschaft vor.

Informieren

- Informieren Sie sich mithilfe der untenstehenden Lernsteps über die Schutzmaßnahmen und den Ablauf der Haarwäsche.
- Markieren Sie die einzelnen Lernsteps in der Tabelle nach dem Bearbeiten als erledigt und bewerten Sie den Schwierigkeitsgrad.

Methode: ____________

Die Methodenkarte finden Sie im Digital Plus Material.

DIGITAL+

Name des Lernsteps	erledigt ✓	🙂	😐	🙁
Schutzmaßnahmen beim Haarewaschen				
Ablauf einer Haarwäsche				
Praxisaufgabe – Haarwäsche durchführen				

Planen, Entscheiden, Durchführen

- Erstellen Sie eine Checkliste zum Ablauf einer professionellen Haarwäsche für den eigenen Salon (Bilder dazu finden Sie im Digital Plus Material).
- Stellen Sie sich die Checklisten gegenseitig vor.

Digitale Alternative:
Erstellen Sie die Checkliste mit einem digitalen Präsentationstool, z. B. mit Canva.

Praxisaufgabe:

- Führen Sie im Anschluss gegenseitig die geplante Haarwäsche durch. Verteilen Sie folgende Rollen:

A: Kunde/Kundin	wird gewaschen
B: Friseur/Friseurin	führt die Haarwäsche aus
C: Qualitätskontrolle	bewertet die Haarwäsche mit dem Bewertungsbogen S. 125

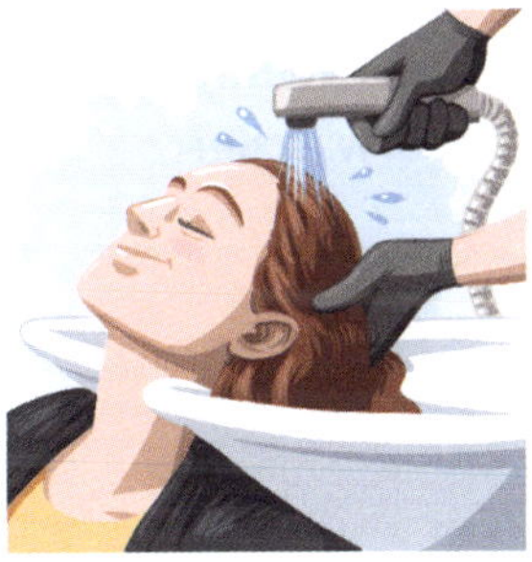

Kontrollieren

- Bewerten Sie die Haarwäsche (Lernende C: Qualitätskontrolle) mithilfe des Lernsteps zur Praxisaufgabe (siehe S. 125).
- Notieren Sie sich das Feedback der Qualitätskontrolle.
- Reflektieren Sie selbst, wie Sie die Haarwäsche durchgeführt haben.

Besonders gut hat geklappt:	**Folgende Dinge muss ich noch verbessern:**

Evaluieren und Zusammenfassen

- Auch Anjas Chef möchte am Ende wissen, warum das Haarewaschen so bedeutsam für einen guten Friseursalon ist. Nehmen Sie zu folgenden Fragen Stellung:

Welche Ziele verfolgen Sie als Friseur/Friseurin bei der Haarwäsche?

Welche Erwartungen hat die Kundschaft an eine gute Haarwäsche?

Warum ist die Haarwäsche eine bedeutende Dienstleistung?

Beantworten Sie die Reflexionsfragen:

Ich kann:		
... meine bisherigen Erfahrungen aus dem Salon beim Haarewaschen beschreiben.		
... notwendige Arbeitsschutzmaßnahmen beim Haarewaschen nennen und deren Einsatz begründen.		
... den Arbeitsablauf beim Haarewaschen nennen und die entsprechenden Qualitätsmerkmale zuordnen.		
... eine professionelle Haarwäsche durchführen.		
... Feedback zu einer Haarwäsche geben und Feedback annehmen.		
... die Durchführung meiner Haarwäsche kritisch reflektieren.		

Lernstep 1

Schutzmaßnahmen beim Haarewaschen

Brauche ich Schutzmaßnahmen bei der Haarwäsche?

Anja ist heute in der Berufsschule. In der Pause hört sie einem Gespräch ihrer Mitlernenden Karla und Eskender zu:

Eskender: „Was ist denn mit deinen Händen passiert? Vor den Herbstferien hattest du noch keine Rötungen an den Händen!"

Karla: „Das ist erst vor vier Wochen aufgetreten. Meine Chefin sagt, mit der richtigen Handcreme geht das schon wieder weg."

Eskender: „Das sieht aber nicht gut aus. Ich würde das nicht auf die leichte Schulter nehmen und mal zum Hautarzt gehen. Ziehst du denn keine Handschuhe an? Ich habe nämlich immer welche bei der Arbeit an."

Karla: „Nur zum Färben, damit die Farbe nicht an den Händen bleibt. In meinem Salon machen es einige so."

Aufgaben:

- Geben Sie die Aussagen von Eskender und Karla zum Thema Tragen von Handschuhen wieder. Ergänzen Sie z. B. die folgenden Satzanfänge: *Eskender fragt .../Karla sagt ...*

- Nehmen Sie persönlich Stellung zu den Aussagen der beiden Mitlernenden von Anja und erklären Sie, warum das Tragen von Handschuhen wichtig ist.

LERNSTEP 1

- Geben Sie Tätigkeiten an, bei denen Sie Handschuhe tragen müssen. Erstellen Sie einen Wortigel.

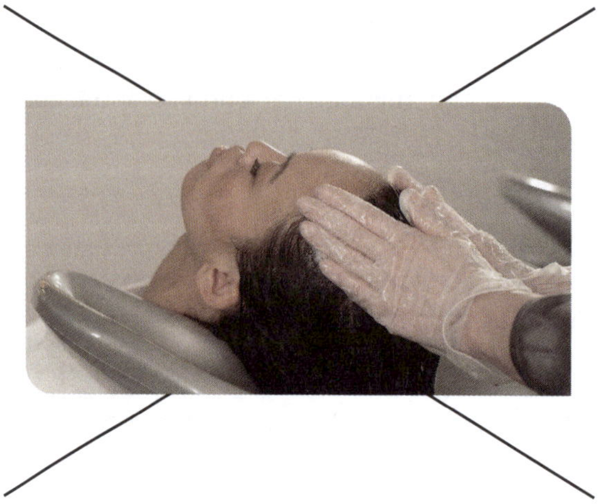

- Was sagen Sie einem Kunden, der Sie fragt, warum Sie beim Haarewaschen Handschuhe tragen? Formulieren Sie eine Begründung durch eine Argumentation in drei Schritten (siehe Schema)!

These: Behauptung

Argument (Erläuterung, Begründung)

Stütze (Folgerung)

Lernstep 2

Ablauf einer Haarwäsche

- Ordnen Sie die einzelnen Begriffe den entsprechenden Arbeitsschritten zu.

Ablauf einer professionellen Haarwäsche:

Begriffe zum Einsetzen: Arbeitsplatz einrichten – Arbeitsplatz aufräumen – Zweite Haarwäsche durchführen (nur bei verschmutzten Haaren) – Shampoo gründlich ausspülen – Haar- und Kopfhautbeurteilung durchführen – Shampoo auswählen – Schutzkleidung umlegen – Haare anfeuchten – Überschüssiges Wasser ausdrücken und Handtuch umlegen – Waschhandschuhe anziehen, bequeme Sitzstellung ermöglichen – Haare mit dem Handtuch frottieren und kämmen – Shampoo ausspülen – Kopfmassage durchführen – Shampoo auftragen – Wassertemperatur einstellen

Arbeitsschritt	Beschreibung
	Vor der Behandlung werden alle Arbeitsmittel zurechtgelegt.
	Das Haar wird durchgebürstet. Dann erfolgt die Haar- und Kopfhautbeurteilung. Das Shampoo wird ausgewählt.
	Die Kleidung der Kundschaft wird mit einem Handtuch geschützt.
	Das Shampoo wird entsprechend der Haar- und Kopfhautbeurteilung anwendungsbereit zurechtgelegt.
	Die Waschhandschuhe werden angezogen. Das Waschbecken wird entsprechend der Sitzhaltung der Kundschaft eingestellt.
	Warmes Wasser wird dem kalten Wasser zugefügt. Die Wassertemperatur wird entsprechend eingestellt.
	Die Haare werden vorsichtig angefeuchtet. Hierbei wird darauf geachtet, dass in das Gesicht der Kundschaft kein Wasser läuft.

LERNSTEP 2

Arbeitsschritt	Beschreibung
	Das Shampoo wird zuerst auf den Handflächen und dann auf der Kopfhaut gleichmäßig verteilt.
	Die Haarwäsche erfolgt auf der Kopfhaut. Dabei wird das Shampoo mit kreisenden Bewegungen der Fingerkuppen in ca. 8 Bahnen massiert.
	Der vom Schaum gelöste Schmutz und das emulgierte Hautfett werden mit klarem Wasser abgespült.
	Die Haarwäsche wird, wie oben beschrieben, ein zweites Mal durchgeführt.
	Jetzt wird das Haar mit reichlich klarem und warmem Wasser abgespült.
	Das überschüssige Wasser wird mit den Händen und einem Handtuch ausgedrückt. Anschließend ein Handtuch um den Kopf der Kundschaft falten und befestigen.
	Mit einem Handtuch wird das Haar für die weitere Behandlung trocken frottiert und gekämmt/gebürstet.
	Das Waschbecken wird sauber gemacht, der Arbeitsplatz entsprechend aufgeräumt.

Lernstep 3

Praxisaufgabe – Haarwäsche durchführen

Ziel einer professionellen Haarwäsche ist es, die Haare und die Kopfhaut mit einem kundentypgerechten Shampoo systematisch, gründlich und schonend zu reinigen. Die Reinigungsmassage soll entspannend und durchblutungsfördernd sein.

Aufgaben:

- Erproben Sie Ihre Wohlfühl-Haarwäsche an einem Modell in der Berufsschule oder im Salon.
- Lassen Sie die Haarwäsche mithilfe des Bewertungsbogens von einem Beobachter oder einer Beobachterin reflektieren.

Arbeitsschritt	Qualitätsmerkmal		
Arbeitsplatz einrichten	Alle Arbeitsmittel zum Haarewaschen sind bereitgelegt.		
Haar- und Kopfhautbeurteilung durchführen	Das Haar der Kundschaft ist durchgebürstet.		
	Das Shampoo ist nach Haar- und Kopfhautzustand ausgewählt.		
Schutzkleidung umlegen	Das Handtuch ist ordnungsgemäß angelegt.		
	Die Kleidung der Kundschaft wird nicht nass.		
Shampoo auswählen	Das Shampoo steht am Waschbecken.		
Waschhandschuhe anziehen, bequeme Sitzstellung	Die Friseurin bzw. der Friseur zieht Waschhandschuhe an.		
	Die Kundschaft sitzt bequem. Der Nacken wird vom Waschbecken umschlossen.		
Wassertemperatur einstellen	Die Kundschaft wird gefragt, ob das Wasser eine angenehme Temperatur hat.		
	Die Wassertemperatur ist angenehm.		
Haare anfeuchten	Die Hand der Friseurin oder des Friseurs schützt das Gesicht vor dem Wasser.		
	Das Wasser spritzt nicht.		
	Die Haare werden gründlich befeuchtet.		
Shampoo auftragen	Das Shampoo wird zuerst auf den Handflächen verteilt.		
	Das Shampoo wird gleichmäßig auf dem Haar verteilt.		

Arbeitsschritt	Qualitätsmerkmal	☺	☹
Kopfmassage durchführen	Die Fingerkuppen setzen auf der Kopfhaut auf und massieren diese mit kreisenden Bewegungen.		
	Die Kundschaft wird gefragt, ob die Massage angenehm ist.		
	Folgende Massagegriffe werden angewendet:		
	Effleurage		
	Friktion		
	Massage im Bindegewebe		
	Großer Ausstreichgriff		
	An den Schläfen wird weniger Druck ausgeübt.		
Shampoo ausspülen	Die Hand der Friseurin bzw. des Friseurs schützt das Gesicht vor dem Wasser.		
	Das Wasser spritzt nicht.		
	Das Shampoo wird gründlich ausgewaschen.		
Ggf. zweite Haarwäsche durchführen	Die Haarwäsche wird ein zweites Mal nach den oben beschriebenen Qualitätsmerkmalen durchgeführt.		
Shampoo gründlich ausspülen	Die Hand der Friseurin bzw. des Friseurs schützt das Gesicht vor dem Wasser.		
	Das Wasser spritzt nicht.		
	Das Shampoo wird gründlich ausgewaschen.		
	Das Haar wird beim Ausspülen mit den Händen aufgelockert.		
Überschüssiges Wasser ausdrücken und Handtuch umlegen	Das Haar wird mit den Händen vom überschüssigen Wasser ausgedrückt.		
	Das Haar wird mit einem Handtuch leicht frottiert.		
	Das Handtuch wird ordnungsgemäß um den Kopf gewickelt.		
	Die Kundschaft wird zum Platz geführt.		
Haare mit dem Handtuch frottieren und kämmen	Für die weitere Behandlung wird das Haar mit dem Handtuch trocken frottiert. Das Haar der Kundschaft ist gebürstet.		
Arbeitsplatz aufräumen	Das Waschbecken ist gesäubert.		
	Der Arbeitsplatz ist aufgeräumt. Die Waschhandschuhe sind zum Trocknen weggelegt.		

Lernsituation

4 Haarreinigungs- und Pflegemaßnahmen durchführen

4.2 Haare pflegen

LERNSZENARIO:

Es ist Pflegewoche im Salon Haarscharf! Und die ist richtig gut besucht. Anja ist als Haarpflege-Expertin gefragt. Welche Produkte wird sie für welche Kundschaft anwenden?

Haare pflegen

ICH KANN:

... die Produkte der Haarpflege nennen und deren Anwendung beschreiben.

... der Kundschaft Pflegeprodukte für verschiedene Ansprüche empfehlen.

LERNJOB

Vorwissen aktivieren

- Was ist der Unterschied zwischen Rinse-out- und Leave-in-Produkten?

Rinse-out-Produkte	Leave-in-Produkte

Informieren

- Informieren Sie sich im Lehrbuch und im Internet über die Anwendungen und Wirkungen verschiedener Pflegeprodukte.
- Ergänzen Sie entweder die Anwendungsbereiche, die Auftrage-Techniken oder die Wirkung der Produkte.

Methode: ______

Die Methodenkarte finden Sie im Digital Plus Material.

DIGITAL+

- Ergänzen Sie die Übersicht mit den Produkten, die Sie im Salon benutzen.

Rinse-out-Produkte

Spülungen/Conditioner	Intensivkuren, Haarpackungen
• nach chemischen Behandlungen zur Intensivpflege: für behandeltes, trockenes und schlecht kämmbares Haar • neutralisieren Restalkalien • verbessern die Kämmbarkeit • beseitigen elektrostatische Ladungen des Haares	• verbessern und reparieren die Haarstruktur durch Anlagerung von Proteinen und keratinaffinen Stoffen • ggf. Behandlung der Kopfhaut

Rinse-out-Produkte aus meinem Salon

Spülungen/Conditioner	Intensivkuren, Haarpackungen

Leave-in-Produkte

Sprühkur, Kurschaum (Schnellkur)	Spitzenschutz, -öl	Hitzeschutz

Produkte werden in das gewaschene, handtuchtrockene Haar gegeben oder gesprüht und nicht wieder ausgewaschen.

Produkte werden in das trockene Haar gegeben oder gesprüht und nicht wieder ausgewaschen

Leave-in-Produkte aus meinem Salon

Sprühkur, Kurschaum	Hitzeschutz, Spitzenschutz/-öl

LERNJOB

LERNJOB

Planen, Entscheiden, Durchführen

- Empfehlen Sie den folgenden Kundinnen ein Pflegeprodukt. Begründen Sie Ihre Auswahl. Erklären Sie die Anwendungstechnik.

Frau Schön: „Meine Haare sind glanzlos und durch die permanente Welle, den Beachwaves, auch etwas trocken."

Frau Richter: „Meine Haare brauchen dringend Feuchtigkeit, allerdings sind meine Haare sehr fein."

Sprühkur mit Feuchtigkeitsregulator. Sprühkur beschwert die Haare nicht. Sprühkur als Leave-in-Produkt in das handtuchtrockene Haar geben und Haare frisieren.

Melissa: „Ich würde gern nach dem Haare waschen eine Pflege haben, die intensiv ist, aber keine lange Einwirkzeit hat."

Frau Maier: „Meine Haare sind an den Spitzen oft sehr trocken. Das verstärkt sich durch das tägliche Glätten der Haare mit dem Glätteisen."

Frau Winter: „Meine Haare werden immer blondiert. Dadurch fühlen sie sich richtig strohig an."

LERNJOB

LERNJOB

Kontrollieren

- Vergleichen Sie die Ergebnisse. Stellen Sie Gemeinsamkeiten und Unterschiede fest.

Evaluieren und Zusammenfassen

Beantworten Sie die Reflexionsfragen:

Ich kann:	🙂	🙁
... die Produkte der Haarpflege nennen und deren Anwendung beschreiben.		
... der Kundschaft Pflegeprodukte für verschiedene Ansprüche empfehlen.		

Lernsituation

4 Haarreinigungs- und Pflegemaßnahmen durchführen

4.3 Behandlungskonzepte zur Haarreinigung und -pflege erstellen

LERNSZENARIO:

Anja geht mit ihrem Chef den Terminplan für den heutigen Tag durch. „Ich möchte, dass du heute allein für alle meine Kundinnen und Kunden die Haarreinigung und -pflege durchführst. Die Kundenkarten habe ich dir hingelegt. Trage bitte deine Ergebnisse dort ein. Ich möchte von dir für alle Kundinnen und Kunden wissen, welche Ergebnisse deine Anamnese brachte und für welche Haarreinigungs- und -pflegemaßnahmen du dich entschieden hast."

Uhrzeit	Name	Dienstleistung
08:00	Frau Eberhardt	Schneiden/Einlegen
09:00	Herr Eberhardt	Schneiden/Föhnen
10:00		
11:00	Lena	Schneiden/Föhnen
12:00		
13:00	Frank	Schneiden/Föhnen
14:00	Laima	Farbe/Schneiden/Föhnen
15:00	Sandra	Schneiden/Föhnen
16:00		
17:00	Till	Schneiden/Föhnen
18:00	Susi	Schneiden/Föhnen

Behandlungspläne erstellen

ICH KANN:

... anhand von Kundenkarten und Kundenaussagen eine Beurteilung des Haares und der Kopfhaut vornehmen.

... die Beurteilung in eine Kundenkarte eintragen und entscheiden, welche Haarreinigungs- und Pflegeprodukte benutzt werden.

... meine Entscheidungen kunden- und fachgerecht formulieren.

LERNJOB

Informieren

- Informieren Sie sich mit Hilfe des Lernstep 1 über die Durchführung einer Anamnese für Kopfhaut und Haar.
- Informieren Sie sich danach mit Hilfe des Lernstep 2 über die Kundschaft, die Anja und ihr Chef am heutigen Tag bedienen werden

Methode: ____________________

Die Methodenkarte finden Sie im Digital Plus Material.

DIGITAL+

- Tragen Sie die entsprechenden Informationen über die Kundschaft in die Kundenkarten (Lernstep 2) ein.
- Markieren Sie die einzelnen Lernsteps in der Tabelle nach dem Bearbeiten als erledigt und bewerten Sie den Schwierigkeitsgrad.

Name der Kundschaft	erledigt √	🙂	😐	🙁
Lernstep 1 – Anamnese des Haares und der Kopfhaut				
Herr Eberhardt				
Laima				
Lena				
Till Schneider				
Frau Eberhardt				

DIGITAL+ Weitere Kundschaft finden Sie im Digital Plus Material

Planen, Entscheiden, Durchführen

- Suchen Sie sich eine Lern-Partnerin bzw. einen Lern-Partner.
- Füllen Sie gemeinsam auf den Kundenkarten die Behandlungspläne für die Haarreinigung und Haarpflege aus.
- Tragen Sie die Ergebnisse in den Behandlungsplan ein.
- Bilden Sie mit einem weiteren Paar eine neue Gruppe.

Kontrollieren und Zusammenfassen

- Vergleichen Sie die Ergebnisse. Diskutieren Sie alternative Behandlungsmöglichkeiten.
- Notieren Sie offene Fragen für das Plenum.

Praxisaufgaben

DIGITAL+

- Führen Sie innerhalb Ihrer Gruppe eine Haar- und Kopfhautbeurteilung an einer Mitschülerin/einem Mitschüler mithilfe eines Anamnesebogens durch (Anamnesebogen im Digital Plus Material).
- Wenn möglich, filmen Sie die Haar- und Kopfhautbeurteilung.
- Laden Sie den Film zum Teilen auf einer Austauschplattform hoch.

LERNJOB

Evaluieren und Zusammenfassen

- Gehen Sie mit einer weiteren Gruppe zusammen und zeigen Sie sich gegenseitig Ihre aufgenommenen Videos.
- Überprüfen Sie die durchgeführte Anamnese mithilfe der Checkliste aus Lernstep 1.
- Geben Sie sich gegenseitig ein schriftliches Feedback.

Feedback

____

____

____

____

____

Reflektieren

- Welche Erkenntnisse ziehen Sie aus dem Feedback?

Erfolge	Neue Lernanlässe

Beantworten Sie die Reflexionsfragen:

Ich kann:	☺	☹
... anhand von Kundenkarten und Kundenaussagen eine Beurteilung des Haares und der Kopfhaut vornehmen.		
... die Beurteilung in eine Kundenkarte eintragen und entscheiden, welche Haarreinigungs- und Pflegeprodukte benutzt werden.		
... meine Entscheidungen kunden- und fachgerecht formulieren.		

Lernstep 1

Anamnese des Haares und der Kopfhaut

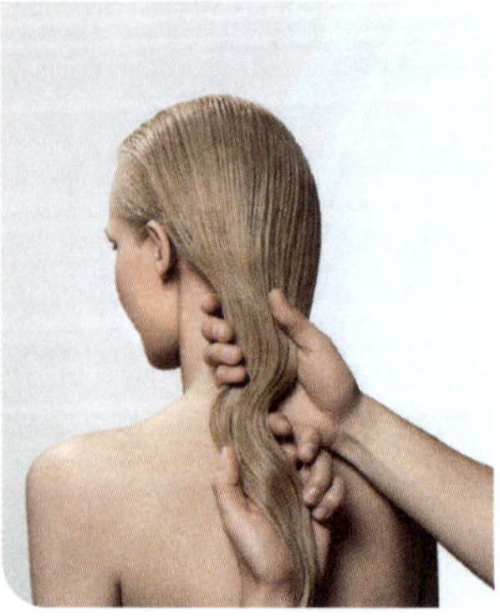

Der erste Schritt einer Haarbehandlung ist die Anamnese (Untersuchung) der Haare und der Kopfhaut. Eine Haar-und Kopfhautbeurteilung beinhaltet immer die drei Phasen der Analyse: Dem Befragen der Kundschaft, dem Betrachten und dem Befühlen der Haare und der Kopfhaut.

Befragen **Betrachten**

Befühlen

Aufgaben:

- Informieren Sie sich über die Vorgehensweisen während einer Haar- und Kopfhautanalyse (Anamnese).
- Notieren Sie, welche Fragen (Befragen) oder Analyseschritte (Betrachten, Befühlen) Sie während der einzelnen Phasen der Anamnese beachten können.
- Füllen Sie hierfür die untenstehende Tabelle aus.
- Brauchen Sie Unterstützung? Nehmen Sie Ihr Fachbuch zur Hilfe.

Haar- und Kopfhautbeurteilung (Anamnese)	
Befragen	

Haar- und Kopfhautbeurteilung (Anamnese)

Betrachten (optische Methode)

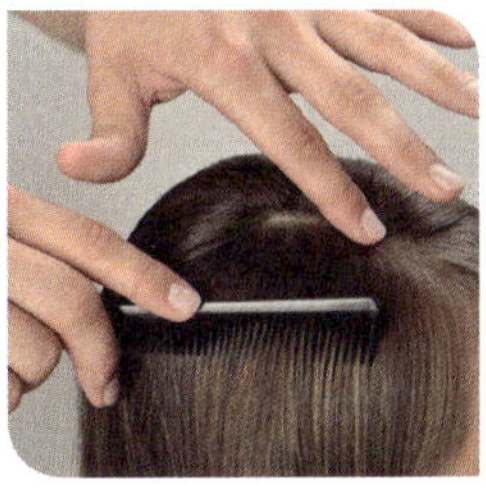

Befühlen (haptische Methode)

Aufgaben:

- Überlegen Sie: Woran erkennen Sie eine gute Anamnese?
- Erstellen Sie innerhalb einer Gruppe (4 Personen) eine Checkliste, die alle für Sie wichtigen Punkte einer guten Haar- und Kopfhautbeurteilung (Anamnese) enthält.
- Notieren Sie auch, an welchen Kriterien Sie erkennen, dass die Schritte der Anamnese professionell durchgeführt wurden.
- Nutzen Sie hierfür ein eigenes Blatt/eine eigene Vorlage.

LERNSTEP 1

Lernstep 2

Anamnesebögen

- Füllen Sie die Anamnesebögen aus.
- Wählen Sie die passenden Reinigungs- und Pflegeprodukte aus. Notieren Sie diese.

Herr Eberhardt:
- kommt alle zwei Wochen mit seiner Frau in den Salon
- Haarstärke: stark
- 100 % Weißanteil mit Gelbnuancierung
- leichte, eher trockene und feine Schuppenbildung

„Meistens benutze ich das Shampoo, was meine Frau von eurem Salon mitbringt. Ich hätte gern etwas gegen das Gelb im grauen Haar und etwas Erfrischendes auf der Kopfhaut. Das hilft gegen den Juckreiz und dem trockenen Gefühl. Meine Haare wasche ich alle zwei Tage."

Name des Kunden: ____________________

Anamnese			
Haar		**Kopfhaut**	
Haaroberfläche	◯ natürlicher Glanz ◯ fettig, glänzend ◯ matt, glanzlos ◯ Ansatz wachsartig	Fettung	◯ gering, trocken ◯ stark ◯ ölig ◯ wachsartig
Chemische Behandlungen	◯ Dauerwelle ◯ Haarfarbe/ Intensivtönung ◯ Blondierung ◯ Tönung	Schuppen	◯ keine ◯ fettig ◯ wenige ◯ viele ◯ trocken
Haaranomalien	____________________ ____________________ ____________________	Hautanomalien	____________________ ____________________ ____________________
Anamnese des Haares: Pflegezustand ◯ ausgeglichen ◯ feuchtigkeitsarm ◯ fettig		Anamnese der Kopfhaut: Sekretionstyp ◯ ausgeglichen ◯ vermindert (Sebostase) ◯ vermehrt/wachsartig (Seborrhöe sicca) ◯ vermehrt/ölig (Seborrhö oleosa)	
Haarstärke: ◯ fein, kraftlos ◯ mittel ◯ stark			

Pflegeempfehlung		
Haarreinigung	Kopfhautpflege	Haarpflege
____________________ ____________________	____________________ ____________________	____________________ ____________________

LERNSTEP 2

Laima:
- Haarstärke: mittel
- liebt füllige Haarstyles und Volumen
- Wirbel am Hinterkopf

Kommt zur Haarfärbung 1x im Monat
„Meine Haare wasche ich jeden zweiten Tag. Am zweiten Tag sind meine Haare oft fettig. Zur Pflege benutze ich ab und zu eine Haarspülung.
Unzufrieden bin ich mit meinem Haar auch, da die Haarspitzen sehr schnell kaputt sind und sich spalten.

Name der Kundin:

____

Anamnese			
Haar		**Kopfhaut**	
Haaroberfläche	◯ natürlicher Glanz ◯ fettig, glänzend ◯ matt, glanzlos ◯ Ansatz wachsartig	Fettung	◯ gering, trocken ◯ stark ◯ ölig ◯ wachsartig
Chemische Behandlungen	◯ Dauerwelle ◯ Haarfarbe/ Intensivtönung ◯ Blondierung ◯ Tönung	Schuppen	◯ keine ◯ fettig ◯ wenige ◯ viele ◯ trocken
Haaranomalien	____ ____ ____	Hautanomalien	____ ____ ____
Anamnese des Haares: Pflegezustand ◯ ausgeglichen ◯ feuchtigkeitsarm ◯ fettig		Anamnese der Kopfhaut: Sekretionstyp ◯ ausgeglichen ◯ vermindert (Sebostase) ◯ vermehrt/wachsartig (Seborrhöe sicca) ◯ vermehrt/ölig (Seborrhö oleosa)	
Haarstärke: ◯ fein, kraftlos ◯ mittel ◯ stark			

Pflegeempfehlung		
Haarreinigung	Kopfhautpflege	Haarpflege
____ ____ ____	____ ____ ____	____ ____ ____

LERNSTEP 2

Lena:
- Haarstärke: fein
- liebt schnelle Stylings
- Haar wirkt trocken und kraftlos
- Kopfhaut ist empfindlich und trocken

„Ich komme einmal im Monat zur Hellerfärbung. Ein konkretes Shampoo benutze ich nicht. Meistens kaufe ich die neuen Produkte in der Drogerie und probiere aus. Meine Haare wasche ich jeden Tag, sonst fehlt mir das Volumen."

Name der Kundin: ______________________

Anamnese			
Haar		**Kopfhaut**	
Haaroberfläche	◯ natürlicher Glanz ◯ fettig, glänzend ◯ matt, glanzlos ◯ Ansatz wachsartig	Fettung	◯ gering, trocken ◯ stark ◯ ölig ◯ wachsartig
Chemische Behandlungen	◯ Dauerwelle ◯ Haarfarbe/ Intensivtönung ◯ Blondierung ◯ Tönung	Schuppen	◯ keine ◯ fettig ◯ wenige ◯ viele ◯ trocken
Haaranomalien	______ ______ ______	Hautanomalien	______ ______ ______
Anamnese des Haares: Pflegezustand ◯ ausgeglichen ◯ feuchtigkeitsarm ◯ fettig		Anamnese der Kopfhaut: Sekretionstyp ◯ ausgeglichen ◯ vermindert (Sebostase) ◯ vermehrt/wachsartig (Seborrhöe sicca) ◯ vermehrt/ölig (Seborrhö oleosa)	
Haarstärke: ◯ fein, kraftlos ◯ mittel ◯ stark			

Pflegeempfehlung		
Haarreinigung	Kopfhautpflege	Haarpflege
______ ______ ______	______ ______ ______	______ ______ ______

LERNSTEP 2

Till Schneider:
- Haarstärke: mittel
- Kommt alle zwei Wochen zum Schneiden

„Mich stört sehr, dass meine Haare so schnell fettig werden. Meine Haare wasche ich deshalb täglich mit einem Shampoo aus der Drogerie. Was da drin ist, kann ich Ihnen nicht sagen. Zum Styling nutze ich gern Haargel."

Name des Kunden: ______________________________

Anamnese			
Haar		**Kopfhaut**	
Haaroberfläche	◯ natürlicher Glanz ◯ fettig, glänzend ◯ matt, glanzlos ◯ Ansatz wachsartig	Fettung	◯ gering, trocken ◯ stark ◯ ölig ◯ wachsartig
Chemische Behandlungen	◯ Dauerwelle ◯ Haarfarbe/ Intensivtönung ◯ Blondierung ◯ Tönung	Schuppen	◯ keine ◯ fettig ◯ wenige ◯ viele ◯ trocken
Haaranomalien	________ ________ ________	Hautanomalien	________ ________ ________
Anamnese des Haares: Pflegezustand ◯ ausgeglichen ◯ feuchtigkeitsarm ◯ fettig		Anamnese der Kopfhaut: Sekretionstyp ◯ ausgeglichen ◯ vermindert (Sebostase) ◯ vermehrt/wachsartig (Seborrhöe sicca) ◯ vermehrt/ölig (Seborrhö oleosa)	
Haarstärke: ◯ fein, kraftlos ◯ mittel ◯ stark			

Pflegeempfehlung		
Haarreinigung	Kopfhautpflege	Haarpflege
________ ________ ________	________ ________ ________	________ ________ ________

LERNSTEP 2

Frau Eberhardt::
- viele, feine Haare
- Haare wirken etwas matt
- Warzen auf der Kopfhaut
- Rötungen, Empfindlichkeiten
- Kopfhaut eher trocken

„Ich wasche meine Haare einmal in der Woche mit einem Volumenshampoo. Eine Haarkur trage ich nicht auf. Damit meine Frisur immer sitzt, nehme ich richtig festes Haarspray. Alle vier Wochen komme ich zur Stützwelle."

Name der Kundin:

____

Anamnese			
Haar		**Kopfhaut**	
Haaroberfläche	◯ natürlicher Glanz ◯ fettig, glänzend ◯ matt, glanzlos ◯ Ansatz wachsartig	Fettung	◯ gering, trocken ◯ stark ◯ ölig ◯ wachsartig
Chemische Behandlungen	◯ Dauerwelle ◯ Haarfarbe/ Intensivtönung ◯ Blondierung ◯ Tönung	Schuppen	◯ keine ◯ fettig ◯ wenige ◯ viele ◯ trocken
Haaranomalien	______ ______ ______	Hautanomalien	______ ______ ______

Anamnese des Haares: Pflegezustand ◯ ausgeglichen ◯ feuchtigkeitsarm ◯ fettig	Anamnese der Kopfhaut: Sekretionstyp ◯ ausgeglichen ◯ vermindert (Sebostase) ◯ vermehrt/wachsartig (Seborrhöe sicca) ◯ vermehrt/ölig (Seborrhö oleosa)
Haarstärke: ◯ fein, kraftlos ◯ mittel ◯ stark	

Pflegeempfehlung		
Haarreinigung	Kopfhautpflege	Haarpflege
______ ______ ______	______ ______ ______	______ ______ ______

LERNSTEP 2

Lernsituation

4 Haarreinigungs- und Pflegemaßnahmen durchführen

4.4 Black Hair reinigen und pflegen

LERNSZENARIO:

Frau Winter hat für ihre Tochter Lilly einen Termin im Salon Haarscharf vereinbart. Die Haare brauchen einen Haarschnitt. Zuvor müssen die Haare von Lilly gewaschen und gepflegt werden.

„Kannst du mir bitte Tipps für die Pflege der Haare meiner Tochter geben?"

Anja hat noch keine Erfahrungen im Umgang mit Black Hair. Deshalb wird ihr Chef ihr heute erklären und zeigen, was es bei der Reinigung und Pflege zu beachten gibt.

Black Hair reinigen und pflegen

ICH KANN:

... die Merkmale und Eigenschaften von Afrohaar beschreiben.

... erklären, wie Afrohaare gereinigt und gepflegt werden müssen.

... einen Salonflyer zum Thema „Reinigung und Pflege von Afrohaar" gestalten.

... einer Kundin erläutern, worauf sie im Alltag bei der Pflege der Haare ihrer Tochter mit Black Hair achten muss.

Vorwissen aktivieren

- Ergänzen Sie die Mindmap unter der Fragestellung:
  Welche Eigenschaften haben Afrohaare?

- Stellen Sie kurz Ihre Ergebnisse der Klassengemeinschaft vor.
- Ergänzen Sie wichtige Informationen.

Informieren

Anjas Chef erklärt:
„Afrohaar ist von der Struktur her anders als zum Beispiel dein Haar. Es ist sehr lockig und kraus. Kraus klingt nicht gut, deshalb bezeichnet man es auch aus dem Englischen als „coily". Durch die starke Bewegung im Haar aber auch durch die mechanische Beanspruchung beim Kämmen ist es sehr spröde, trocken und kann schnell abbrechen. Aus diesen Gründen braucht es eine besonders intensive Behandlung.

Damit du den Zusammenhang zwischen Haarstruktur und Pflegeanspruch gut verstehst, habe ich dir einen Text mitgebracht. Lies dir den Text durch und folge der Aufgabenstellung."

- Lesen Sie den nachfolgenden Text.
- Markieren Sie.
  - die Eigenschaften von Afrohaar rot
  - Tipps zur Reinigung von Afrohaar blau
  - Tipps zur Pflege von Afrohaar grün

Methode: ____________________

Die Methodenkarte finden Sie im Digital Plus Material.

DIGITAL+

LERNJOB

Merkmale, Reinigung und Pflege von Black Hair

Typisch für Afrohaar ist seine starke Bewegung (starke, kleine Locken und Kräuselung). Das Haar hat dadurch eine sprungfederartige Gestalt. Die starke Bewegung erhält das Haar, da es aus einem sehr engen Haarfollikel auswächst, der diagonal in der Haut sitzt. Aus diesem Grund hat das Afrohaar einen sehr ovalen (elliptischen), fast bandförmigen Querschnitt. Da Afrohaare sehr lockig sind, werden sie auch als krauses Haar oder besser als coily Haar bezeichnet. Insbesondere diese starke Bewegung der Haare ist die Ursache für den Pflegebedarf des Haares – denn je lockiger das Haar ist, desto trockener ist es. Es glänzt nicht. Um lockiges Haar etwas zum Glänzen zu bringen, sind Produkte mit einem hohen Anteil an Pflegestoffen notwendig.

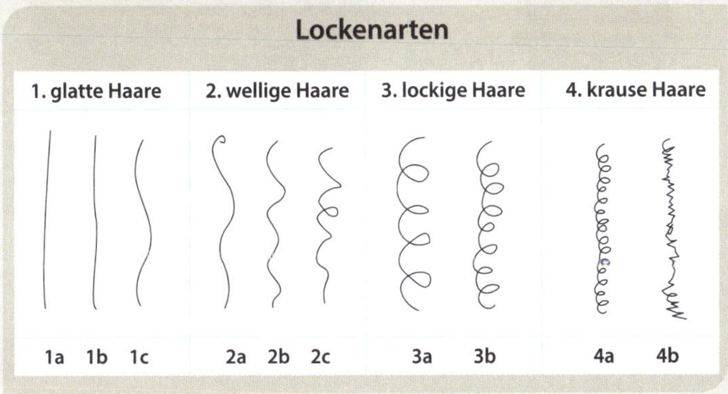

Bedingt durch die starke Bewegung neigen Afrohaare zur Bildung von Knoten, so dass es beim Kämmen zum Abbrechen oder Abreißen der Haare kommt. Afrohaar hat demnach einen hohen Anteil an kaputten, faserigen Spitzen, was auf die hohe Belastung durch mechanische Einflüsse zurückzuführen ist.

Afrohaar wächst im Vergleich zu den anderen Haarformen langsamer und ist weniger dicht als beispielsweise unsere Haare. Afrohaare sind im Vergleich zu den anderen Haarformen von der Haarstruktur am schwächsten, anfälliger für Haarbruch, sie verlieren schnell Feuchtigkeit und trocknen schnell aus.

Viele Menschen mit Afrohaaren möchten gern glatteres Haar, da es sich leichter pflegen und frisieren lässt. Doch stark gelocktes Haar zu glätten, bedeutet einen hohen Arbeitsaufwand, denn es lässt sich nicht einfach mit einem Föhn und einer Rundbürste sowie einem Glätteisen glatt formen. Zudem brechen Afrohaare durch die regelmäßige Anwendung von Hitze ab und es bildet sich Spliss. Aus diesen Gründen muss das Afrohaar durch spezielle Protein- und Feuchtigkeitsmittel gepflegt werden und mit einem breitzinkigen Afrokamm aus Naturmaterialien (Horn, Holz) gekämmt werden. Mit Bürsten aus Wildschweinborsten oder einer Denman-Bürste lassen sich Pflegemittel (Leave-in-Produkte) gut auftragen.

Die Frisurengestaltung bei Afrohaar unterscheidet sich grundlegend von denen anderer Ethnien. Afrohaar wird in der Regel seltener gewaschen, da die Haarwäsche sehr lange dauert. Haare werden in der Regel nur einmal in der Woche gewaschen. Das liegt nicht nur daran, dass die Haarpflege sehr lange dauert, sondern auch daran, dass die Haare sehr trocken sind. Bei der Haarpflege muss darauf geachtet werden, dass die reinigenden Pflegemittel natürlichen Ursprungs sind und keine Silikone oder Parabene enthalten. Auch zur Pflege von Afrohaaren sollten Naturprodukte verwendet werden, die auf die Struktur der Haare angepasst sind. Pflegeprodukte für Afrohaare enthalten Naturöle wie Arganöl, Sheabutter, Rosmarinöl oder Brokkolisamenöl. Diese gibt es derzeit leider nur im Afro Shop oder im Internet zu kaufen. Erst allmählich bieten die Kosmetikhersteller auch Produkte für Afrohaare an. Hier müssen wir den Markt weiter genau beobachten und schauen, welche Produkte neu entwickelt werden.

LERNJOB

Bei jedem Arbeitsschritt der Haarpflege, aber auch der Frisurengestaltung, steht das Entwirren der Haare im Mittelpunkt, so dass oftmals mehrere Pflegeprodukte übereinander angewendet werden: wie zum Beispiel bei der LOC – LCO Methode: L O C steht für Liquid/Oil/Cream, L C O steht für Liquid/Cream/Oil).

Alle Pflegehandlungen dienen dem Ziel, die Geschmeidigkeit der Haare zu behalten. Anschließend werden sogenannte „protective hairstyles" (z. B. Rastazöpfe, Cornrows oder Braids) gemacht, um ein Verwirren der Haare im Alltag oder beim Schlafen zu vermeiden.

Planen, Entscheiden, Durchführen

- Erstellen Sie für den Salon einen Informationsflyer (S. 147 oder digital) zu den Reinigungs- und Pflegehinweisen für Afrohaar.

Digitale Alternative:
Erstellen Sie den Flyer und den Steckbrief mit Canva.

- Recherchieren Sie bei denen in Ihrem Salon benutzten Haarpflegeserien, ob es Produkte für „Black Hair" gibt. Sollten Sie in Ihrem Salon keine Produkte für "Black-Hair" haben, recherchieren Sie im Internet.

- Erstellen Sie zu diesen Produkten einen Produktsheet-Steckbrief (Name, Inhaltsstoffe, Anwendung).

Flyer Afrohaar

Was ich bei der Reinigung und Pflege von Afrohaar beachten muss:

Afrohaar hat folgende Merkmale und Eigenschaften:

Pflegetipps:

Reinigungstipps:

Produktempfehlung

LERNJOB

LERNJOB

Kontrollieren und Zusammenfassen

- Stellen Sie sich gegenseitig Ihre Flyer und Produktsheets in einem Galleriegang vor.

- Welche Tipps zur Pflege geben Sie Frau Winter?

„Kannst du mir bitte Tipps für die Pflege der Haare meiner Tochter geben?“

Beantworten Sie die Reflexionsfragen:

Ich kann:		
... die Merkmale und Eigenschaften von Afrohaar beschreiben.		
... erklären, wie Afrohaare gereinigt und gepflegt werden müssen.		
... einen Salonflyer zum Thema „Reinigung und Pflege von Afrohaar“ gestalten.		
... einer Kundin erläutern, worauf sie im Alltag bei der Pflege der Haare ihrer Tochter mit Black Hair achten muss.		

Lernsituation

5 Nachhaltiges Arbeiten

5.1 Wasserverbrauch und Wasserkosten berechnen

LERNSZENARIO:

Als Anja und ihr Chef das Berichtsheft ausfüllen, schauen sie auf die vergangenen Wochen zurück. Anja hat in diesen Wochen schon viel Kundschaft alleine bedient. Dabei fällt ihrem Chef auf, dass Anja noch eine wichtige Sache lernen muss. Denn eine Friseurin sollte nicht nur gut Haare machen können, sondern auch wissen, wie viel ihre Arbeit wert ist und welche Kosten auf einen Salon zukommen – auch um nachhaltig zu arbeiten.

„Weißt du, Anja, auch in Sachen „Buchhaltung und Preise" musst du lernen, richtig zu kalkulieren. Wenn ich mir so die letzten Wochen anschaue, sehe ich, dass du viel Kundschaft zur Haar- und Kopfhautberatung und Haarwäsche betreut hast. Kannst du dir vorstellen, wie viel Wasser du verbraucht hast und wie viel das kostet? Das ist nämlich genauso wichtig zu wissen, wie alles andere. Sonst könnten wir ja keine Preise berechnen. Ich möchte, dass du alle deine Kundinnen und Kunden der vergangenen Wochen zusammenzählst und deinen Wasserverbrauch und die Kosten dafür berechnest!"

Wasserverbrauch und Wasserkosten berechnen

ICH KANN:

... Wassermengen und Maßeinheiten benennen.

... den Wasserverbrauch berechnen.

... die Kosten des Wasserverbrauchs berechnen.

... die Kosten einer Haarwäsche berechnen.

LERNJOB

Vorwissen aktivieren

Wasser ist für einen Friseursalon das wichtigste Hilfsmittel. So gut wie keine Dienstleistung lässt sich ohne den Einsatz von Wasser durchführen.

Denken Sie einmal darüber nach:

- Wozu benötigen Sie im Salon Wasser?
  - ... ______
  - ... ______
  - ... ______
  - ... ______
  - ... ______
  - ... ______
  - ... ______
  - ... ______

Informieren

Normalerweise wird die Wassermenge in l (Liter) angegeben. Geringe Mengen, z. B. zum Verdünnen von Shampoo, misst man in ml (Milliliter) oder cm^3 (Kubikzentimeter).

Es gilt:

$1\ l = 1\,000\ ml = 1\,000\ cm^3$

Der Wasserpreis wird allerdings in Kubikmeter (m^3) berechnet. Hierbei gilt folgendes:

$1\,000\ l = 1\ m^3$

- Informieren Sie sich in Partnerarbeit mithilfe der untenstehenden Lernsteps über die Berechnung des Wasserverbrauchs.
- Tauschen Sie sich mit einem weiteren Zweier-Team über die Lernsteps aus.
- Markieren Sie die einzelnen Lernsteps in der Tabelle nach dem Bearbeiten als erledigt und bewerten Sie den Schwierigkeitsgrad.

Name des Lernsteps	erledigt √	🙂	😐	🙁
Wasserverbrauch				
Wasserpreis				

Planen, Entscheiden, Durchführen

Anja hat in den vergangenen vier Wochen insgesamt 32 Kundinnen und Kunden zur Haar- und Kopfhautbeurteilung und anschließender Haarwäsche betreut.

Eine Haarwäsche dauert ca. 4 Minuten. Pro Minute werden ca. 8 Liter Wasser verbraucht. Die Wasserkosten belaufen sich auf 2,35 € pro Kubikmeter und 3,75 € Abwasserpreis pro Kubikmeter.

- Berechnen Sie den Wasserverbrauch pro Haarwäsche und insgesamt für alle Haarwäschen.

- Berechnen Sie die Wasserkosten pro Haarwäsche und insgesamt für alle Haarwäschen.

Kontrollieren

- Gehen Sie mit einem Mitlernenden zusammen und vergleichen Sie Ihre Ergebnisse.
- Notieren Sie offene Fragen für einen Austausch im Plenum.

LERNSTEP 1

LERNJOB

Evaluieren und Zusammenfassen

- Welche Maßnahmen könnten Anja und ihr Chef ergreifen, um die Wasserkosten zu senken?

Ich kann:		
... Wassermengen und Maßeinheiten benennen.		
... den Wasserverbrauch berechnen.		
... die Kosten des Wasserverbrauchs berechnen.		
... die Kosten einer Haarwäsche berechnen.		

Lernstep 1

Wasserverbrauch

MERKE

Wasserverbrauch gesamt = Wasserverbrauch (in m^3) · Anzahl an Anwendungen

Beispiel:

Bei einer Haarwäsche eines Herrenkunden (Façonhaarschnitt) werden durchschnittlich 8,5 l Wasser verbraucht. In Ihrem Salon werden am Tag 13 Herrenkunden gewaschen.

- Wie viel Wasser (in m^3) wurde dabei verbraucht?

Lösung:

Gegeben: Wasserverbrauch = 8,5 l
Anzahl der Anwendungen = 13

Gesucht: Wasserverbrauch in m^3

Immer erst in **m^3** umwandeln!
1 000 l = 1 m^3

1. **Einheiten umwandeln:**

$$\frac{\text{Wasserverbrauch in l}}{1\,000} = \frac{8{,}5\text{ l}}{1\,000} = \mathbf{0{,}0085\ m^3}$$

Der Bruchstrich bedeutet „geteilt durch".

2. **Wasserverbrauch berechnen:**

Wasserverbrauch = **0,0085 m^3** · 13 = **0,1105 m^3**

Aufgaben:

1. Geben Sie den Wasserverbrauch für folgende Behandlungen in m^3 an:

	Behandlung	Verbrauch	Anzahl
a)	Langhaarwäsche	16,3 l	18
b)	Ansatzwäsche	10,6 l	5
c)	Farbe ausspülen	18,7 l	9

2. Im Friseursalon „Hairlich" werden im Jahr 630 m^3 Wasser verbraucht. Dabei verteilt sich der Wasserverbrauch auf folgende Bereiche: Haararbeiten = 78 %, WC und Händewaschen = 12 %, Waschmaschine = 7 % und Salon putzen = 3 %

   Wie viel m^3 Wasser werden für jeden Bereich verbraucht? (Beachten Sie den Tipp!)

Tipp:

Denken Sie an den Dreisatz:

$100\,\% = 221$

$74\,\% = x$

$x = \dfrac{74\,\% \cdot 221}{100\,\%}$

LERNSTEP 1

3. Bei einer Haarwäsche fließt das Wasser ca. 3 Minuten lang. Wie viel Kubikmeter Wasser verbrauchen Sie beim Haare waschen in einem Jahr (225 Arbeitstage), wenn Sie durchschnittlich täglich 18 Haarwäschen durchführen und pro Minute 9 l Wasser fließen?

4. Mit einem Sparperlator am Wasserhahn (Aufsatz zum Aufschrauben, verringert den Wasserdurchlass) lassen sich pro Haarwäsche durchschnittlich 4 500 ml Wasser einsparen. Wie viel Kubikmeter Wasser werden so an einem Tag eingespart, wenn insgesamt 44 Haarwäschen mit dem Sparperlator durchgeführt werden? (Gehen Sie von den Angaben in Aufgabe 3 aus)

Lernstep 2
Wasserkosten

MERKE

Wasserkosten = Wasserverbrauch (m^3) · Kosten je m^3 in € Frischwasser + Wasserverbrauch (m^3) · Kosten je m^3 in € Abwasser

Der Preis für Wasser ist nicht nur für das bereitgehaltene Frischwasser zu entrichten, sondern auch für das benutzte (und dabei verschmutzte) Abwasser.

Die Preise sind bundesweit nicht einheitlich und können je nach Region stark schwanken. So sind Wasserpreise in Ballungsgebieten (Städte und umliegende Stadtteile) sehr hoch.

Beispiel:

In einem Friseurgeschäft wurden im letzten Monat insgesamt 17 500 Liter Wasser verbraucht. Die Kosten je m^3 Frischwasser betragen 1,81 €, die für Abwasser 325 Cent.

- Wie teuer war der Wasserverbrauch im letzten Monat?

Lösung:

Gegeben:	Wasserverbrauch	= 17 500 l
	Kosten Frischwasser je m^3	= 1,81 €
	Kosten Abwasser je m^3	= 325 Cent
Gesucht:	Wasserkosten gesamt im letzten Monat	

Immer erst in **m^3** und **€** umwandeln!
1 € = 100 Cent

1. Einheiten umwandeln:

$$\frac{\text{Wasserverbrauch in l}}{1\,000} = \frac{17\,500\text{ l}}{1\,000} = \mathbf{17{,}5\ m^3}$$

$$\frac{\text{Kosten Abwasser (ct)}}{100} = \frac{325}{100} = \mathbf{3{,}25\ €}$$

Der Bruchstrich bedeutet „geteilt durch".

2. Wasserkosten für Frisch- und Abwasser berechnen:

Frischwasserverbrauch $= 17{,}5\ m^3 \cdot$ **1,81 € = 31,675 €**

Abwasserverbrauch $= 17{,}5\ m^3 \cdot$ **3,25 € = 56,875 €**

3. Gesamtkosten berechnen:

Frischwasserkosten = 31,675 € + Abwasserkosten = 56,875 = **88,55 €**

Aufgaben:

1. Während einer normalen Haarwäsche vor dem Schnitt fließt das Wasser ca. drei Minuten lang.
   a) Wie viele Minuten fließt das Wasser in einem Jahr (= 225 Arbeitstage), wenn täglich 18 Haarwäschen durchgeführt werden?
   b) Wie viel Liter Wasser sind das, wenn 9,3 Liter pro Minute fließen? Wie viel Kubikmeter sind das?
   c) Wie hoch sind die Wasserkosten bei einem Wasserpreis von 2,30 € und einem Abwasserpreis von 3,40 €?

2. In einem Salon werden jährlich 390 m^3 Wasser verbraucht. Wie hoch sind die dadurch entstehenden Kosten, wenn für 1 m^3 Wasser 1,35 € zu bezahlen sind und die Abwassergebühren je m^3 3,80 € betragen?

3. Bei einer herkömmlichen Haarwäsche werden durchschnittlich 16,7 l Wasser verbraucht, bei einer Ansatzhaarwäsche nur 9,3 l Wasser!
   a) Wie viele m^3 Wasser ließen sich jährlich (= 225 Arbeitstage) sparen, wenn anstelle von 10 herkömmlichen Haarwäschen jeweils Ansatzhaarwäschen durchgeführt werden würden?
   b) Wie hoch wäre die Kostenersparnis, wenn der Wasser- und Abwasserpreis insgesamt 6,10 € beträgt?

LERNSTEP 2

Bildquellenverzeichnis

Adobe Systems Software Ireland Companies, Adobe Stock, Dublin, Irland: S. 7-3 © Africa Studio, S. 8-1 © Smileus, S. 9-1 © Africa Studio, S. 15-1 © Volha Hlinskaya, S. 16-3 © Volha Hlinskaya, S. 17-4 © Volha Hlinskaya, S. 17-5 © roomyana, S. 17-6 © roomyana, S. 17-7 © roomyana, S. 19-3 © studioloco, S. 20-1 © Lumos sp, S. 22-1 © studioloco, S. 25-2 © New Africa, S. 26-2 © Simple Line, S. 27-2 © Simple Line, S. 28-1 © Simple Line, S. 29-1 © Simple Line, S. 31-2 © alfa27, S. 35-1 © alfa27, S. 36-1 © Jeanette Dietl, S. 36-3 © puhhha, S. 37-2 © blanche, S. 37-4 © Racle Fotodesign, S. 38-1 © gritsalak, S. 41-3 © Alessandro Grandini, S. 47-2 © anuwat, S. 47-3 © gradt, S. 47-4 © joanna wnuk, S. 49-1 © Марина Демешко, S. 49-3 © staras, S. 51-1 © DomenicoFornas, S. 57-3 (Lupe) © Foto-Ruhrgebiet, S. 66-1 © Irina, S. 66-2 © krissikunterbunt, S. 67-3 © lavizzara, S. 67-4 © fpic, S. 71-1 © Rido, S. 75-4 © fotograf-halle.com, S. 76-2 © Tiler84, S. 76-4 © Sonja Birkelbach, S. 76-5 © fpic, S. 77-3 © Sikov, S. 80-2 © Jeanette Dietl, S. 80-4 © W. Heiber Fotostudio, S. 81-1 © Köpenicker, S. 81-3 © Maridav, S. 81-5 © contrastwerkstatt, S. 83-1 © Mardre, S. 84-1 © leomalsam, S. 87-1 © thomasp24, S. 87-2 © g215, S. 87-3 © HLPhoto, S. 87-4 © Gerhard Seybert, S. 87-5 © PhotoSG, S. 87-6 © Heiko Barth, S. 88-1 © rodc, S. 89-1 © dianamower, S. 89-2 © LazarevaEL, S. 89-3 © g215, S. 89-4 © MIGUEL GRACIA SAAVED, S. 90 © picsfive, S. 91-1 © JoyImage, S. 92-1 © rodc, S. 93-2 © knipseria, S. 96-2 © knipseria, S. 103-2 © Amir Kaljikovic, S. 107-1 © Robert Przybysz, S. 109-1 © dianamower, S. 109-2 © LazarevaEL, S. 109-3 © g215, S. 109-4 © MIGUEL GRACIA SAAVED, S. 111 © Steffen Sinzinger, S. 112-1 © sumire8, S. 112-2 © Y. L. Photographies, S. 117-2 © tbel, S. 127-2 © Laz'e-Pete, S. 130-3 © W. Heiber-Fotostudio, S. 130-5 © contrastwerkstatt, S. 131-2 © Jeanette Dietl, S. 131-4 © studioloco, S. 137-3 © Ralf Geithe, S. 138-1 © Manuel Tennert, S. 139-1 © Racle Fotodesign, S. 140-1 © Jeanette Dietl, S. 141-1 © detailblick-foto, S. 142-1 © tbel, S. 143-2 © Africa Studio, S. 145-1 © Volha Hlinskaya, S. 146 © aliona3333, S. 147-1 © Volha Hinskaya, S. 147-2 © Oksana, S. 147-3 © roomyana, S. 148-2 © Africa Studio, S. 149-4 © contrastwerkstatt, S. 149-5 © contrastwerkstatt, S. 149-6 © Amir Kaljikovic

Archiv Verlag Europa-Lehrmittel, Haan-Gruiten: S. 26-1 © G. Adolphs, S. 113-1 © G. Adolphs, S. 137-1, -2 © G. Adolphs

dpa Picture-Alliance GmbH, Frankfurt am Main: S. 25-3 © dpa

Faust, Steffen, Berlin: S. 46-2, -3, -4, -5, -6, S. 65-3

Herzig, Wolfgang, Essen: S. 11-1, -2, S. 24-4, S. 27-1, S. 46-1, S. 48-1, S. 50-1, S. 53, S. 54, S. 86-1, -2, -3, -4, -5, -6, -7, S. 98

Kao Germany GmbH, GOLDWELL, Darmstadt: S. 24-2, S. 100-2, -3, S. 101-2, -3, -4, -5

Laima Nader S. 41-2, S. 43-1, S. 57-2, S. 130-1

Pflügner, Matthias, Berlin: S. 7-1, -2, S. 9-5, S. 10-1, -2, S. 19-1, -4, S. 20-2, S. 22-2, S. 23, S. 24-3, S. 28-2, S. 29-2, S. 31-1, -3, S. 35-2, S. 36-2, -4, S. 37-1, -3, S. 41-1, -4, S. 43-2, S. 44-1, -2, S. 47-1, S. 49-2, S. 51-2, S. 57-1, -4, S. 59, S. 60, S. 61, S. 67-1, -5, S. 70-1, -2, S. 77-1, -2, -4, S. 80-1, -3, -5, S. 81-2, -4, -6, S. 82-1, -2, S. 93-1, -3, S. 96-1, -3, S. 97-1, -2, S. 103-1, -3, S. 105, S. 106, S. 117-1, -3, S. 119-1, S. 120-1, S. 121, S. 127-1, S. 130-2, -4, S. 131-1, -3, -5, S. 133-1, -2, S. 143-1, S. 144-2, S. 148-1, -3, S. 149-1, -2, -3, S. 152

Raschke, Julian: S. 18

shutterstock Inc., New York: S. 67-2 © Volodymyr TVERDOKHLIB, S. 76-3 © papillondream

Vaughan, Dave, München: S. 9-4, S. 97-3, -4, S. 114

WELLA, Darmstadt, S. 8-2, S. 9-2, -3, S. 13-1, -2, S. 19-2, S. 24-1, S. 35-3, S. 40, S. 45, S. 47-1, S. 57-3, S. 62, S. 64, S. 65-1, -2, S. 75-1, -2, -3, S. 76-1, S. 100-1, S. 101-1, S. 102, S. 103-4, S. 108-1, -2, S. 122, S. 134, S. 136, S. 144-1

Weyrauch, Sylvia, Riedstadt: S. 25-1, S. 79, S. 95

Alle nicht aufgeführten Fotos/Zeichnungen sind von externen Fotografen/Grafikern als Auftragsarbeiten für den Verlag Europa-Lehrmittel erstellt worden